사랑해서   미워하고

목 차

김창경

- 011 불안에 물든 내 마음과 몸
- 016 그깟 승진이 뭐라고
- 021 1인분의 몫을 해내기 위해
- 027 잃어버린 좋아하는 마음
- 032 이해 받고 싶은 우리들
- 038 나는 뭐 크게 바라는 게 없다
- 044 다정의 말을 적재적소에
- 047 아낌없이 주는 마음, 두려움 없이 받는 마음
- 052 도시의 한복판, 아니 비켜난 곳에
- 056 얼마만큼 배워야 잘 살 수 있는 걸까
- 062 편애하는 사이
- 070 맛있는 음식 좋아하세요? 저는 간편한 음식 좋아합니다만
- 075 야밤에 산을 올라
- 081 집착과 결별
- 085 환대의 나날들

김선연

099 결국 나일 수는 없는 '거의' 나에게
106 통통한 몸뚱이, 내 보살핌의 방식
114 늦되고 흔들리는 게 뭐 어때서
120 내 아이들에게 물려주고 싶지 않은 것
127 나의 능력, 나의 쓸모
134 수평을 달리는 어른들의 잘 싸우는 법
140 모든 것은 한 줄에서 시작한다
147 내가 기대하는 크리스마스 선물
154 시골은 왜 나를 불렀을까
159 배움의 목적
163 한 웅큼의 시간과 마음으로
170 밥심으로 삽니다
176 그림자 속에 갇힌 이야기를 쓰는 밤
182 남자 아이와 남자 노인의 궁합의 비결
188 나를 잃고 찾아온 곳, 엄마

목차

배숙희

- 199 한 맺힌 명랑
- 204 불면의 밤
- 209 언젠가는 내 노력이 가닿기를
- 214 노인으로 가는 길을 당신은 아는가?
- 220 최종학력
- 226 나는 무명의 생활예술가
- 232 평가로 선긋기
- 237 달빛 아래 걷는 마음
- 243 할머니 집은 어디야?
- 248 부러우면 지는 거지? 부러워만 하면 지는 거지!
- 252 응원하는 사이
- 258 자신만만 요리부심
- 263 꽃이 내 친구
- 268 못 버리는 병
- 276 좀 건강해보자

둘째만이 가질 수 있는 애잔함을 방패삼아,
생존력을 창으로 삼아,

우리 오늘도 씩씩하게 살아가자.
내일은 더 찬란한 너의 하루가 될 터이니.

김
창
경
―
김
선
연
―
배
숙
희

불안에 물든 내 마음과 몸

김창경

"간에 크기가 작지 않은 혹이 있어요. 알고 있었나요?"

이미 몸 여기저기에 혹들이 있어 정기적으로 추적 검사 중이었는데 예상치 못한 소리를 들었다. 술도 한 잔 못하는데 간에 혹이라니! 살아낸 흔적을 내게 꼭 알려야 한다는 듯, 검사를 받을 때마다 혹이 하나씩 추가된다.

"암일 수도 있나요?"

"지금 봐서는 아닐 거 같지만 그렇다고 그냥 지나치기엔 크기가 큰 편이고 모양과 위치도 안 좋아요. 어느 부위든 혹이 있는 경우 암일 가능성이 전혀 없다고 할 수는 없죠. 일단은 MRI를 추가로 찍어보는 게 좋을 거 같네요."

간이 아프다는데 갑자기 위액이 올라와 속이 쓰렸다. 예민한 성격 탓에 만성위염에 시달리고 있었다. 알아차리지도 못한 채 위궤양이 지나갔던 적도 있다. 그 어떤 통증도, 기척도 없었는데 어쩌다 또 혹이 생겼을까. 왜 모든 병은 어느 날 갑자기 소리 없이 다가와 자신의 존재를 터트리는 걸까.

기존의 혹들도 그사이 더 커지거나 악성으로 바뀌진 않았을까 조바심이 났다. 위, 유방, 간 내 몸 구석구석 안 아픈 곳이 없구나 싶어 울컥했다. 대한민국 직장인으로서 만성위염이나 혹 몇 개 정도는 당연한 것으로 생각했지만, 그 혹들이 암의 경계에 서서 '너 스트레스 조금만 더 받으면 나 암으로 넘어갈 거야.'라고 위협하는 것 같았다.

의사는 조심스럽게 말을 이었다. 위치가 좋지 않으니 흘려듣지 말고 바로 추가 검사를 해야 한다고. 그리고 스트레스를 받지 말라는 말도 아무렇지도 않게 덧붙였다. 스트레스라는 고질병을 안고 사는 현대인들의 삶에 나도 속한다는 걸 새삼 깨달았다.

핸드폰이 끊임없이 울렸다. 건강검진을 받으려고 오늘 딱 하루 공가를 썼는데 회사에서 계속 업무 관련 전화가 왔다. 다음 검사실로 들어가려다 부재중 5통을 보고는 불안해져서 전화를 받았다. 단순한 문의였지만 사업이 한두 개가 아니라서 헷갈렸다. 내일 출근해서 정확하게 확인하고 알려준다고 했는데도, 상대방은 강박적으로 지금 확인해달라고 재촉했다.

일을 하면 할수록, 경력이 쌓이면 쌓일수록 월급이 조금이라도 오르면 오를수록 그만큼의 책임질 일이 무더기로 따라왔다. 그만둘 수 없는 게임에서 덫에 걸린 기분이다. 먹고 살려면 돈이 필요하고, 돈을 벌려면 일을 해야 하고, 일을 하면 월급 외에 스트레스는 보너스로 따라온다. 모든 걸 포기하고 싶을 때 간혹 성취감 같은 것들이 또 한 번 참고 계속 일하게 만들지만 결국 망할 스트레스 앞에 나는 속수무책으로 당하기만 한다. 모든 본능을 누르고 눌러 생계 게임을 계속한다.

마침 언니에게 전화가 왔다. 간에도 혹이 생겼다는 사실을 전했다. 말을 하면서도 이상하게 덤덤했다. 언니는 오히려 "어떻게…."라고 울먹이며 할 말을 잇지 못했다.

"어떻게 하긴, 일단 정밀검사부터 받아봐야지."

내 심술궂은 덤덤함에 언니는 스트레스 받지 마라, 너무 일하는 데 애쓰지 말라고 잔소리를 했다. 누구든 해줄 수 있는 말이 이것뿐이리라. 그런 표현을 싫어하는 언니마저 상투적인 말을 위로랍시고 던지니 피식 웃음이 났다. 살 빼서 간다고 건강검진을 연말까지 미루다가 복부비만 진단받아 오는 언니가 나에게 건강 조언이라니. 운동만이 살길이라는, 자기도 지키지 않는 뻔한 말을 진지하게 해서 헛웃음이 났다. 그 바람에 조금 긴장이 풀렸다.

직장에서는 만 40세가 넘으면 매년 종합건강검진을 받게 해준다. 하지만 나는 혹이 얼마나 더 자랐을까 불안하고, 행여 암으로 성장한 것은 아닌지 겁이 나서 그것을 한 해의 마지막 달까지 보류하고 말았다. 불안하고 아프면 검진을 받아야 하는데, 그 결과가 두려워서 보류하는 삶. 검진 결과가 좋지 않을까 봐 마음 졸이며 받게 되고, 온 김에 여러 가지 추가 검진까지 받다 보니 다음 날까지 몸과 마음이 힘들었다.

병원을 나오면서 문득 이렇게 만병을 달고 살게 된 것이 얼마 되지 않았음을 깨닫고 화들짝 놀랐다. 재작년 휴직 기간에 남편 직장에서 배우자 건강검진을 받았을 때는 평생 지긋지긋하게 따라다니던 위염조차 없었다. 그런데 일을 시작하자마자 몸은 놀랄 정도로 빠르게 망가졌다.

어떻게 이럴 수가 있지? 어떻게 나는 스트레스에 이렇게 취약할 수 있지? 성격 탓인가, 유전 탓인가, 사회 탓인가, 나이가 들어서 인가. 꼬리에 꼬리를 물어가며 원인을 찾다가 힘이 달려 그만두고 싶어졌다.

'아 몰라, 그 모든 것들이 원인이겠지 뭐.'

하지만 얼마 지나지 않아 다시 문제의 원인을 찾고 있는 나를 발견한다. 이게 나다. 생각을 멈출 수 없는 것, 그만하자, 하면서도 정작 그러지 못하고 끝장을 보는 것. 거기나 나는 애초에 불안한 마음이 남들보다 크다.

공사 업무 관련자 조사로 경찰서에 들락거리던 그해에 불안감은 정점을 찍었다. 태어나 겪어본 최악의 나락이었고 불안의 소용돌이였다. 이후 어떻게든 마무리되었지만, 더욱 커진 불안감이 후유증처럼 남아서 업무 관련 생각을 멈출 수 없었다. 침대에 누워 눈을 감아도 좀처럼 잠을 잘 수 없는 나날이었다.

집으로 돌아오며 건강검진 결과의 찝찝함을 무던히 털어보려는데 문득 아이 생각이 났다. 공주 이야기라면 무조건 예찬

하는 아이지만 신데렐라 이야기만은 싫어하는 우리 딸. 새엄마가 신데렐라를 구박하는 장면에 이르면 어김없이 책을 덮어버리는 아이. 엄마가 죽으면 새엄마가 신데렐라처럼 자기를 구박하면 어쩌냐며 불안해하는 아이. 그 아이를 위해서라도 나는 용기 내어 대학병원 정밀검사를 받기로 마음먹었다.

어떻게든 나를 좀 챙겨보기로 마음먹으면서 그 이유를 '나'에게서 찾지 않고 '사랑하는 딸'에게서 찾는다. 아이를 생각하면 사무실에서 걸려온 전화나 얼마 전에 받았던 감사까지 새삼 별일 아닌 듯 느껴진다. 나에겐 아직 잃지 않은 행복들이 많이 있으니까. 아이가 건강하게 내 옆에 있고, 그 아이를 배곯지 않게 할 수 있으니까. 일이 힘들고 내 능력은 대단한 것이 없지만 이렇게 감사할 마음이 남아 있는 것만으로 다행이라고 생각한다.

아이러니하게도 18년 회사생활 회식 때마다 건배 제의로 가장 많이 나오는 말이 '건강을 위하여!'다. 마땅한 건배 제의가 생각나지 않으면 앉은 자리에서 몇 번씩이고 돌아가며 하는 말. 너무나 식상한 말이지만 이건 진리다. 아등바등 사느라, 내가 내 마음을 챙기는 것이 너무 어려워, 나와 관련된 것을 가장 하대하여 결국 지키지 못하게 되는 진리.

너무 늦지 않았길 바라며 나는 명의가 있다고 소문난 유명 대학병원에 검진 예약을 했다. 아픈 사람들이 얼마나 많은지 예약이 몇 달 뒤로 잡혔다. 그 많은 사람에 나도 포함되고 말았다.

그깟 승진이 뭐라고

 정기 인사이동 때문에 회사 분위기가 싱숭생숭하다. 오전에 인사위원회를 한다고 했으니 지금쯤이면 승진 명단이 떴겠지. 그리고 승진 명단에는 내 이름이 빠져있을 것이다. 이제껏 아무런 연락이 없으니. 아침부터 몇 시간 째 이어진 외부 회의 때문에 무음이던 핸드폰을 회의실을 나서며 진동으로 바꾸어 놓았지만 울리지 않는다. 사무실에 들어서며 후배와 마주쳤다. 입술을 달싹거리며 무슨 말을 하려다 삼키며 '고생 많으셨습니다.'라고 짧게 인사하고는 내 눈을 피한다. 사람들이 나를 피한다. 아, 나는 승진되지 않았구나. 명명백백해지면서 맥이 탁 풀린다.

 연공서열이 강한 조직에서 승진은 민감한 이슈다. 내가 출산휴가, 육아휴직에 들어간 사이 나보다 승진이 늦었던 동기들도 모두 팀장을 달았다. 그동안 조직에서 승진이 빠른 편이었으니, 공백이 있다고 해도 복직하면 당연히 승진할 것이라 생각했다. 1년 6개월의 육아휴직 후 복직하면서 '애 엄마라 그래', '쉬다 나와서 그런가' 따위 말은 듣지 않으려 정말 열심히 일했기에, 후배에게 밀릴 줄은 정말 꿈에도 생각지 못했다. 몇 년 차이 나는 후배가 승진을 하자, 어쩌면 다음번 인사에서도 나의 승진은 당연하지 않을 수 있다는 불안이 스쳤다.

 내가 육아를 하는 동안 후배들은 치열하게 일하고 경력을 쌓았기에 승진한 것이라고 여긴다. 그래도 후배 먼저 승진하는 꼴을 봐야 하는 내가 안쓰러운 듯한 동료의 시선을 받을 때, 동기를 상관으로 두고 밑에서 일할 때는 나도 모르게 이렇게 중얼거린다. '이건 늪이다. 빠져나가지 못할 늪.'

 '어쩌다 이렇게까지 밀려버린 거지?' 퇴근 시간, 주차장이 되어버린 외곽순환 도로를 기어가며 이유를 찾아본다. 여러 모임에 나오라고 불러 줄 때, 집안일 때문에 거절하다 나중에는 어디에도 끼이지 못하게 된 게 문제였던 걸까? 승진도 결국은 줄타기이고 챙겨주기인데. 오늘만은 어린이집에서 내 아이가 마지막으로 남은 아이가 아니길 바라며 야근을 안 한 것이 밉보였던 걸까? 자꾸만 승진을 못한 이유를 찾고 찾다 자책하게 된다. 나의 노력이 부족했던 것일까, 얼마나 더 많은 시간을 업무에 할애하며 일해야 하는 것일까. 한껏 낮아진 자존감이 바닥까지 내려앉는다.

 "부서 이동 때마다 자기 직원으로 달라는 부서장 많은 거 알아? 힘내. 금방 팀장 달 건데 뭐. 승진이 별거야? 다음에 팀장 달고 그다음 부서장 승진은 제일 빨리하면 되지. 힘내!!"

 그냥 지나가는 인사말로 위로해주시는 인사팀장님께, 굳이 대답하지 않아도 되는 말이라는 걸 알면서도 내뱉고 말았다.

"다음 인사에 팀장은 되겠지만, 웬만해선 차례대로 하는 승진도 이렇게 어려운데 다음 승진 운이라는 게 제게 있을까요? 제 인생에 팀장 다음 부서장 승진은 없을 거 같아요."

이왕이면 좀 더 당당하게 아무렇지 않은 척 말했어야 하는데! 바들바들 떨리는 두 손과 격양되고 서운함이 묻어나는 냉소적인 목소리! 눈물까지 글썽거려 눈 한번 깜빡하기도 겁이 났다. 있는 힘을 모아 눈물방울이 떨어지지 않도록 두 눈을 부릅떴다. 그리고 이어지는 주변 사람들의 말.

"다음엔 무조건 승진하실 거예요. 지금 그 자리가 자잘하게 신경 쓸 것도 많고 업무량도 많은데 고생하는 만큼 성과가 잘 나오지도 않으니 승진하기 어려운 자리라고들 하더라고요. 그래서 아무도 안 가려고 하는 자리라고 소문났잖아요. 고생 많이 하셨지만 조금만 더 참고 힘내세요."

힘내라는 말. 지겹게 듣는 힘내라는 말. 어떻게든 위로해주고 싶고, 괜찮아지게 해주고 싶은 마음이 담긴 말이라는 것을 안다. 그럼에도 나는 안 괜찮아서 힘을 억지로 내는 것이 누구를 위한 것인지 가늠할 수가 없다. 내 안에 아무렇게나 쌓이는 위로의 말들을 다 털어버리고 싶다. 안쓰러운 표정과 세트로 달려오는 그 힘내라는 말이 정말 싫어서. 이미 회의감과 무기력함에 자꾸만 내가 하찮게 느껴지는데, 아무렇지도 않은 척 힘내려면 무너진 내 자존감이 회복하고 무뎌질 시간이 필요하지 않겠나. 시간이 지나면 사람들의 관심도 줄어들 것이고 나 또한 별 것 아닌 듯 속상한 마음은 잊은 채 있는 그대로의 나로 또 바쁘게 살아갈 것이다. 그때까지 좀 모른 척 기다려주면 안 되는 것일까? 꼭 힘내라고 위로하며 빨리 괜찮아지길 재촉해야 하는 것일까?

요즘의 난 한껏 날이 서 있다. 불혹의 나이 마흔. 나이가 들면 사람들의 반응에 쉽게 들썩이지 않고 감정에 휘둘리지 않을 거라는데, 난 예전보다 더 감정을 숨기지 못하고, 사람들이 생각 없이 던진 말들에 일일이 반응한다. 날 선 감정 위로 사람들의 말, 눈빛을 받아내고 해석한다. 그리고 마스크 안으로 나를 숨긴다. 내가 나를 어떻게 하지 못해서.

나의 고전(苦戰), 연이은 팀장 승진 누락을 지켜보던 여자 후배들은 이전보다 더 똑똑하게 사회생활을 해나간다. 육아휴직으로 인한 불이익은 없다는 게 인사팀의 공식 입장이었지만, 육아휴직 후에 승진이 밀리는 경우는 흔하다는 것을 알아차린다. 여자 후배들은 3~4년 전부터 휴직으로 인한 근무평정 누락 기간이 생기지 않도록 출산 시기를 조율하거나 아예 육아휴직을 사용하지 않는다. 출산율을 높이기 위한 방안이 생겨도 그것을 곧이곧대로 썼다가는 승진이 쉽지 않기 때문임을 알기에. 어떤 수를 써서라도 업무상 감사받을 일이 없어 마음 고생을 덜 하고 승진에 유리한 부서를 찾아간다.

그즈음 3살부터 보낼 수 있었던 직장 어린이집에는 돌 지난 아이들도 맡길 수 있는 0세 반이 생겼다. 뭔가 이상하다. 불과 몇 년 전까지만 해도 겨우 1년만 낼 수 있었던 육아휴직이 자녀 1명당 3년까지 늘어났는데 아이와 함께 보낼 수 있는 3년을 다 채우는 직원은 찾아보기가 힘들다. 승진에서 밀리면 사람이 얼마나 초라한지를 본 그녀들은 일단 승진 후에 하자며 많은 것들을 미룬다. 심지어 갓 태어나 엄마의 손길이 가장 필요한 시간조차 미루고 바로 복직한다.

나도 가끔 후회한다. 일단 승진부터 하고 생각해볼걸. 그럴 여건도 안 되었으면서, 그럴 일도 없었으면서 '만약'에 기대어 아쉬움을 달래본다. 승진에 밀리면 나는 노력했어도 그 노력이 부족한 것이 된다. 티가 안 나도 누군가는 해야 할 일들은 잡무로 치환되며, 결국 그런 품만 많이 드는 일은 영리하게 처세를 하지 못해 맡은 결과가 되고 만다. 그냥 일만 하는 시대는 갔으니 자기 홍보도 좀 하고, 줄도 좀 잘 서고, 가시적인 성과를 낼 수 있는 자리로 가서 티 팍팍 내면서 일하라는 위로의 말을 들은 날이면 나는 절망한다. 그다지 열심히, 영리하게 살지 못한 것 같아 헛헛해진다. 그깟 승진이 뭔데. 나와 아이의 가장 소중한 시간조차 가끔 돌리고 싶어질까.

1인분의 몫을 해내기 위해

김창경

 완벽한 사람은 없다. 그저 조금 더 나은 생활을 위해 고군분투하고 있을 뿐이다. 노력하지만 제 몫을 해내지 못하는 것 같은 기분이 자주 든다.
 점심시간, 내 몫으로 된장찌개 1인분을 시켰다. 하얀 쌀밥은 윤기가 흘렀고, 뚝배기에 담긴 찌개의 하얀 김이 진한 된장 냄새를 퍼뜨리며 입맛을 자극했다. 아침을 거르고 출근한 터라 보자마자 시장이 몰려왔다. 첫술은 맛도 모르고 넘겼다. 된장찌개의 구수한 짠맛이 다음 숟가락을 쉼 없이 뜨게 만들었다. 남김없이, 아무런 생각 없이 오직 밥맛에 충실히 몰입해 내 몫의 밥을 먹었다.
 허기가 사라지자 동료들은 이런저런 이야기를 꺼내기 시작했다. 한 팀장의 이야기가 모두의 주목을 끌었다. 내용인즉 사모님이 돈도 잘 버는데, 살림도 엄청 알뜰히 해서 둘이 모은 돈으로 또 집을 한 채 구매했다는 이야기였다. 그 집이 사자마자 바로 억 단위로 올랐으며 아이들도 공부를 잘 시켜서 이번에도 상위권에 들었다고 했다. 자연스레, 각자 주변에서 벌어지는 연봉도 높고, 재테크에도 성공하고, 공부 잘하는 자식을 둔 성공

신화가 앞다투어 쏟아졌다.

　우리는 맞벌이를 하지만 가계통장은 마이너스다. 어디로 우리의 월급이 들어가는 건지 모르겠다. 번만큼 떼어가는 세금도 무지막지해서 마치 밑 빠진 항아리 하나 안고 사는 기분이다. 일하면서 몸과 마음은 상하는데 모아놓은 돈도 딱히 없으니 이게 다 무슨 일인가 싶다.

　미세먼지 하나 없이 햇살 좋은 어느 봄날. 올해는 벚꽃 구경을 제대로 하지 못했다는 것을 깨닫고, 점심시간에 짬을 내어 회사 근처 공원을 거닐었다. 처음엔 꽃을 보느라, 그 다음엔 이런저런 잡생각을 없애버리려 빨리 걷다보니 주변 사람들은 살펴보지 못하고 있었다. 그때, 누군가 아는 체를 했다. 고향에서 같은 학교를 다닌 친구였다. 한참을 알아보지 못했던 나와 달리 멀리서도 단번에 나인줄 알아봤다며 너무 반갑게 인사했다. 결혼하면서 부천에 왔다는 친구는 가벼운 인사치레 후 자기 근황을 쏟아내듯 내게 전했다. 자기는 남편 하나 바라보고 상경해서 생활이 외롭긴 하지만 시청 바로 옆, 새로 지은 40평대 아파트에 자가로 살고 있고, 지금은 아이 유치원 보내고 수영장에 다녀오는 길인데 마침 날이 좋아 차를 두고 걸어오는 길이라고.

　와! 내가 살고 싶어 하는 아파트에서 내가 바라던 삶을 살고 있구나! 단박에 그녀의 경제적, 시간적 여유가 부러워졌다. 나의 부러움을 감지했는지, 그녀는 한 발 뒤로 물러났다. 남편이 돈을 잘 벌어다 주는 만큼 바빠서 늘 외롭다고. 당연히 육아와 집안일은 자신의 몫이라며, 나를 마치 드라마 속 커리어우먼처럼 보는 듯했다.

굳이 내 사정을 말하지는 않았다. 맞벌이를 하더라도 독박육아일 수 있고, 어설프게 주식에 편승했다가 여윳돈 하나 없는 진짜 거지가 되어버렸고, 먹고 살려고 일은 하고 있지만, 그것이 곧 자기 계발로 이어지는 건 아니라고. 어쩌면 나는 직장에서 스트레스 받느라 암 덩어리 일지도 모를 것들을 달고 다닌다고. 너는 이런 것들과는 상관이 없지 않느냐고…. 나로선 부러움의 표현이지만, 친구에게는 분명 상처가 될 것이다. 그녀는 그녀대로 삶을 제대로 살기 위해 고심하고, 분투하는 중일 테니까. 그 친구가 혼자서 감당하고 있을 외로움과 육아의 고됨을 누구보다 잘 아니까.

출근 준비로 바쁜 아침 시간. 아이는 어젯밤 미리 준비해둔 옷이 오늘은 별로라면서 빨래 바구니에 있던 드레스를 다시 꺼내 든다. 이 더운 날 겨울 부츠와 함께 입겠다고 고집을 부린다. 이런 사소한 실랑이로 아침부터 지친다. 그 바람에 고성을 지르며 싸우는 하루가 또다시 시작된다. 우는 아이를 달랠 기운도 없이 겨우 힘을 짜내 들쳐 안고 뛰어가 어린이집에 아이를 밀어 넣는다. 겨우 지각을 면하며 눈물 바람으로 출근한 날. 왜 이런 걸로 아침마다 힘을 빼야 하는지 모르겠다.

어른인 내가 조금만 참으면 되는데, 내 출근 차림은 엉망인 채 좀 늦는 게 뭐 대수라고. 그렇게 생각하면서도 직장에서 흐트러진 매무새에 겨우 출근시간 맞춰 허겁지겁 들어서는 사람으로 찍히기 싫다는 생각에 끝내 터져버린다. 수십 번 엄마의 상황을 설명하고 애써 침착한 목소리로 채근하는 것을 무시하고 옷 고르고 자빠진 아이에게 소리를 지르고 만다. 반복이다.

 육아의 고충이라는 게 계속 반복되는 일상 중 정말 사소한 지점에서 더는 참지 못하고 확 터져버릴 때가 있다. 내 엄마에게도 그런 날이었을 것이다. 아침이면 아이 셋 등교 준비와 함께 출근 준비로 항상 바빴던 엄마가 어쩌다 일찍 일어난 나의 헝클어진 곱슬머리를 정성스럽게 빗어 양 갈래로 묶어준 날이었다. 머리가 너무 마음에 들었던 나는 기분이 좋아져 서둘러 학교에 가고 싶어졌다. 다만, 왼쪽 머리가 오른쪽 머리보다 조금 내려온 게 왠지 계속 신경이 쓰였다. 자꾸 거울을 보며 만지다 보니 머리가 완전히 헝클어져 버렸다.

 출근시간은 점점 다가오고 엄마의 손길은 이전보다 더 거칠어져 있었다. 같은 양 갈래였지만 다른 모양새였고 머리카락도 계속 삐져나왔다. 나는 계속 다시 해달라고 졸랐고 엄마는 참다못해 하나로 묶어버렸다. 더 마음에 들지 않았다. 완벽한 하루의 시작이 될 것 같았던 오늘이 사라지는 느낌에 엉엉 울며 떼를 썼다. 지각할까 봐 안달이 난 엄마는 뚝, 인내심이 끊겨버렸던 것 같다. 부엌에서 큰 가위를 가지고 와서 꽤 오래 기른 내 곱슬 머리카락을 숏 컷도, 단발도 아닌 정말 애매한 길이로 한 번에 싹둑 잘라 버리며 제발 그만 좀 하라고 소리를 질렀다. 충격에 눈물이 쏙 들어갔다. 이건, 이건 내가 예상한 바가 아니었다. 그 뒤로 나는 머리를 묶지 않았다. 엄마에게 내 마음을 내비치지 않으려고 조심했다.

나는 매일 아침마다 딸을 어르고 달래다 윽박지르면서 그때의 엄마를 떠올린다. 지금 내가 딸에게 미안함을 가지고 있듯 엄마 역시 이 사건을 평생 미안해하고 아파한다. 그럼에도 엄마는 나의 이런 고충을 온전히 이해하지는 못하는 듯하다. 요즘은 일하는 여자들도 많아졌고, 직장어린이집에 이런저런 육아제도도 많이 생겨 얼마나 편하냐고 말씀하신다. 항상 아이 셋 키우며 일하는 게 너무 힘들어 몸이 안 아픈 날이 없었다는 엄마의 말에, 나도 엄마만큼은 아니지만 힘들다고 말한다.

아이가 고열로 어린이집에 갈 수가 없어 연가를 내야 한다고 말하면, 직장에선 친정 부모님이든 어디든 맡기고 나올 수 없냐고 묻는다. 나는 시대가 바뀌었어도 아직 그런 분위기 속에 살고 있다. 어쩔 수 없이 연가를 쓰고 집에서 전화와 이메일로 업무를 하지만 가시방석이다. 업무가 신경 쓰이고, 연달아 연가 쓰겠다는 말을 차마 못 해서 다음날, 미열이 있는 아이를 해열제와 함께 어린이집으로 보낸다. 이미 어린이집 아이들 중 절반 이상이 감기에 걸린 상태로 나오고 있다. 다들 비슷하구나 생각하면서도 문득 직장에서도, 집에서도 내 몫을 못해내는 절름발이 같아져 슬퍼진다.

잃어버린 좋아하는 마음

김창경

"아침에 정말 일어나기 힘드네. 진짜 회사 가기 싫다."

 출근 준비를 하며 나도 모르게 아이 앞에서 투덜거리는 말이 나와 버렸다. 입춘이 훌쩍 지난 3월임에도 갑자기 영하로 떨어진 바깥 날씨는 소름 끼치게 추워 몸을 일으키기가 더 힘들었다. 게다가 몇 달째 이어지고 있는 상부기관의 감사를 받고 있다 보니 생각만 해도 지쳤다. 출근도 안 했는데 퇴근하고 싶었다. 아직 봄은 오지 않았고, 오지 않을 기세였다.

"엄마. 엄마가 회사 가기 싫으면 나도 엄마랑 같이 집에 있어줄게. 하지만 난 주말에도 어린이집에 너무 가고 싶었어."

 어린이집에 가기 싫다고 생떼를 쓰던 아이의 태도가 갑자기 바뀌었다!

"정말? 주말에 엄마랑 동물원이나 미술관 가는 것보다 어린이집 가는 게 더 좋아?"

"응. 왠지 알아? 내가 어린이집 처음 다녔을 때 너무 아기라 말도 잘 못 했잖아. 근데 그때 내 장난감을 다른 친구가 뺏어 가면 걔한테서 찾아와 내게 돌려주던 윤우랑 다시 같은 반이 되었어. 다른 유치원으로 가서 다신 못 볼 줄 알았던 윤우가 나랑 같은 반에 있다니 너무 깜짝 놀라고 행복했어. 엄마도 회사에 남자친구가 있으면 매일 회사 가고 싶을 건데 보고 싶은 남자친구가 없다니 좀 슬프다."

아이는 정말로 안타깝다는 표정을 지으며 내게 말했다.

"엄마는 아빠가 있잖아. 남자친구가 있으면 안 되지."

"그래? 엄마 좀 불쌍하다. 아무튼 난 윤우가 너무 좋아. 빨리 보고 싶으니까 얼른 나가자. 아, 근데 엄마. 엄마 정말 회사 다니기 싫어? 매일 까만 옷만 입고 다녀서 그런가? 오늘은 꽃이 많이 있는 긴 드레스 입어보는 건 어때? 난 나가기 싫을 때 예쁜 옷을 입으면 기분이 좋아져서 빨리 나가고 싶어지거든. 그래서 난 엄마가 예쁜 옷 입고 회사 계속 잘 다녔으면 좋겠어."

"왜? 엄마가 돈 안 벌면 장난감이랑 옷 안 사줄까 봐 그래?"

"아니, 엄마가 회사 다녀서 나도 엄마 회사에 있는 어린이집 다니는 거잖아. 근데 엄마가 회사 안 다니면 난 여기 어린이집 계속 못 다니지? 그럼 윤우도 못 보잖아. 그러니깐 계속 잘 다녀봐. 알았지? 내가 윤우를 만날 수 있게 엄마가 일 해줘서 정말 고마워."

남자친구 만나야 하니 빨리 나가자고 재촉하는 여섯 살 딸아이의 말에 갑자기 멍해졌다.

딸아이는 체구는 작지만 지는 것을 유독 싫어하고 말로는 어디 가서도 밀리지 않았다. 예전에는 일찍 데리러 오라며 어린이집 앞에서 아침마다 울었었는데. 그래서 조금이라도 빨리 아이를 데리러 가고 싶어서 내 마음은 내내 다급하고 애달팠는데. 그랬던 아이가 언제 이만큼 컸을까. 아이는 한 돌 반부터 다니기 시작한 어린이집에서 하루를 행복하게 해줄 작은 즐거움을 찾아냈다. 그리고 엄마도 어떻게든 직장생활에서 작은 행복을 찾아 즐겁게 지내보라고 말한다. 자기처럼.

나에게 일이란 가령 자아실현의 도구라던가, 성취감을 맛보기 위한 삶의 방식이 아니다. 한때 일을 좋아하고 잘하고 싶어서 종종거렸던 적도 있었다. 지금은 그저 실질적 가장으로서 생계유지를 위한 대책으로만 대하고 있다. 그런 직장에서 아이가 말하는 작은 즐거움을 나는 찾을 수 있을까?

열심히 한다고 성과가 다 좋은 것은 아닌데 나는 일단 열심히 한다. 그것이 내가 할 수 있는 최선이라는 듯. 그러나 나의 '열심히'는 좋아하는 마음도 없이, 철학도 없이 하루하루 해내야 할 업무를 밀리지 않도록 해치우는 데 집중되어 있다. 그런 생각이 들면 더 슬퍼지고 고단해진다. 내 인생의 황금기를 대부분 바친 곳이 직장인데, 아직도 하루의 대부분을, 내 인생의 대부분을 일하며 보내고 퇴근하고 나서도 업무 생각을 떨쳐버리지 못하고 사는데 즐거움은 없다.

나는 왜 이 일을 선택했을까? 4년간 쏟아 부은 공대 학비가 아까워 맞지도 않는 전공을 꾸역꾸역 살려 자리를 잡은 게 문제였을까? 딱히 하고 싶은 것도, 되고 싶은 것도 찾지 못한 채 졸업하는 것이 두려워 선택한 일이라는 게 문제였을까? 아니다. 전공이 잘 맞지 않았지만 나는 이 일을 잘 해내고 싶었고, 좋아했던 순간이 있었다. 기술직 여직원이 몇 없던 때라 우려 섞인 주위의 시선에 책잡히지 않으려고 무던히 노력했다. 다음 날 더 배우려고 출근하는 게 기다려질 때도 많았다. 그때보다 지금 더 많은 것들을 알고 있고, 더 많은 일을 해내고 있지만 어쩐지 이제는 도통 재미가 없다.

내가 좋아하는 게 있었던가? 주위 사람들과 소소한 일과를 나누는 것도 좋지만 이제는 인간관계에서 감정 소모를 하고 싶지 않았다. 마음을 나눌 수 있는 상대도 손에 꼽힐 만큼 줄었다. 개성이 강했던 나는 사회생활을 하면서 둥글둥글해졌다. 사람들과 잘 지내고 싶었고, 관계에서 오는 힘이 일을 더 수월하게 만들었으니까. 어차피 지나가는 사람들이었을 뿐인데 좋은 사람으로, 유능한 사람으로 지내고 싶어서 필요 이상으로 마음을 썼다. 그렇게 타인과 잘 지내는 사람이 되어갔다.

적당히 원만한 대인관계를 유지하면서도 나는 어쩐지 둥글어지면서 떨어져 나간 모난 부분이 원래의 나의 어떤 일부가 떨어져 나간 것만 같아서 쓸쓸하게 느껴진다. 떨어져 나간 나의 모난 부분을 지키며 나만의 강점과 개성으로 개진해 나가야 했던 건 아니었을까 하는 생각도 든다.

어쩌다 보니 지금의 난 웬만해서는 내 의견을 강하게 내놓지 않고 특별히 좋고, 싫고도 없이 이보다 더 무난하게 살지 못해 안달이 난 듯하다. 부딪히지 않으려 피하거나 멈춰버린다. 불편한 상황을 만들지 않기 위해, 이래도 좋고, 저래도 나쁘지 않다.

내가 뭘 좋아했었더라? 어떤 걸 할 때 부딪히더라도 밀고 나갈 생각에 기분이 좋아졌었지? 생각만 해도 좋아서 히죽거리던 때도 있었는데, 이상하리만큼 내가 어떤 사람인지 생각나는 것들이 없다. 나한테서 일과 아이를 빼면 지금의 나에겐 뭐가 남지? 내가 정말 좋아하는 게 뭐였는지, 뭘 해야 하는지, 뭘 하고 싶은지도 잘 모르겠다. 나는 좋아하는 마음을 가질 수 있을까? 내일을 기대하며 잠을 잘 수 있을까?

이해 받고 싶은 우리들

 나는 자주 나를 설명하기를 포기한다. 내 감정과 생각을 언어로 풀어내면 그것은 내 것이 아닌 것이 된다. 그래서 자포자기의 심정으로 남편과의 대화를 멈추고, 대화하려는 노력조차 포기한다. 결혼하면 그 사람은 나를 이해하고, 나도 그를 이해하고 우리는 한마음이 되어 험한 세상에 서로의 버팀목이 될 줄 알았다. 그러나 우리의 간절한 바람과 관계없이 결혼 생활이 흘러갔다. 나는 출퇴근만 왕복 2시간, 남편은 4시간. 어두운 밤, 집으로 돌아오면 우리는 서로 이해하기를 포기한다.

 대화의 필요보나 너 강력한 피곤과 무력감이 우리 사이에 흐른다. 조금이라도 자자. 서로 별말 없으니까 오늘도 무탈하게 그럭저럭 지냈겠지, 들어봤자 또 힘든 말이겠지. 나의 부정적인 감정에 스스로 놀라지만 그조차도 피곤하다. 아무런 말도, 생각도, 감정 소모도 하고 싶지 않다. 말은 안 하지만 남편도 그러한 것 같다. 이미 눈빛이 맞이 갔다. 피곤한 우리는 서로에게 날 것의 감정과 통제력을 잃은 행동을 하지 않게, 그래서 싸움으로 번지지 않게 대화를 포기하고 각자 방에 들어가 잠을 청한다. 조마조마하고 조금은 불편하지만 애써 평온한 밤을 보낸다.

남편이 내가 무슨 일을 하는지 잘 모르듯, 나 역시 그렇다. 남편도 내게 이해받기를 보류한 것 같다. 잠과 쉼이 대화보다 더 간절한 하루하루를 우리는 유일하게 공유하고 있다. 그것만은 잘 알고 있다. 남편은 어떻게 실적을 올려야 할지, 계약을 성사할 수 있을지 끊임없이 고민하면서 하루를 보낸다. 남편과 나의 삶에는 도시노동자로서 버티는 삶을 산다는 것 외에 접점이 거의 없다. 서로 잘 알지 못하는 면이 많지만, 그렇다고 서로 알려고 노력하지 않는다. 그 노력도 아껴 각자의 일을 하고 밥을 먹고 잠을 잔다. 이대로 우리는 괜찮은 걸까?

나는 18년째 같은 회사에 다니지만, 부서가 바뀔 때마다 새로운 업무에 매번 신입이 된 것 같이 쩔쩔맨다. 법과 시대가 바뀌면서 '조직'이 아닌 그 조직의 구성원인 '개인'에게 걸려오는 구상금 청구와 소송이 무섭다. 상급 기관의 감사를 몇 달째 받는 것도 지친다. 폭설이나 집중호우 같은 재난 상황으로 인한 끊임없는 민원 앞에서 나는 숨 쉬는 법조차 잊어버린 사람처럼 가슴이 답답해진다.

나는 출근도, 사람도, 일도 무서워질 때마다 남편에게 회사 다니는 게 겁이 난다고 말했다. 누군가를 붙들고 일의 무서움을 토로하고 싶어서였다. 자꾸 자신 없어지는 마음에 용기가 필요해서였다. 남편에게 자세히 설명해봐야 어차피 잘 이해하지 못할 것이고, 굳이 내 힘듦을 알아달라는 것도 아니었다. 그저 같은 직장인으로서 '오늘 더 힘들었구나.' 같은 작은 공감이라도 해달라는 눈빛을 보냈을 뿐인데 남편은 차갑게 내려다보며 말했다.

"당신이 지금 우는 것, 다 배가 불러 그래. 언제 잘려도 이상하지 않을 일을 하는 살얼음판을 좀 경험해봐야 하는데. 당신은 매일 해고당할지 모르는 불안이 뭔지 모르잖아. 당신보다 힘든 상황에서 일하는 사람들이 얼마나 많은데. 당장 나부터 그렇고. 당신은 실적이 안 나와서 여기저기 지방으로 보내졌다가 아이가 중학생이 되기도 전에 잘리면 어쩌나 하는 생각해본 적 없지? 스스로 일을 그만두고 싶다고 생각하는 것 자체가 사치지. 그만 어리광부려."

역시 남편은 남의 편이다. 저렇게 자기중심적이고 공감 능력 없는 사람에게 무엇을 기대했나 싶이 더 서러워진다. 남편만이 아니다. 내 피붙이도 나를 이해 못 하는 건 마찬가지다. 얼마 전, 남편과 비슷한 대화를 나눈 뒤 속상해서 언니에게 하소연했다가 한마디 들었다.

"안 맞으면 이혼하던가, 누가 등 떠밀었어? 네가 선택한 사람이잖아."

누구에게 이 답답함을 말하고 싶어 핸드폰을 만지작거리다 그만둔다. 그래, 언니 말대로 내가 선택한 사람이니까 우리끼리의 괴로움을 말해본들 도움이 안 될 일이다. 타인에게 섣불리 위로를 받으려고 하지 말자고 다짐한다. 새벽에 눈을 뜨니 헛헛한 기분에 잠이 사라진다. 어둠 속에서 남편 말을 떠올려 본다. 자는 남편을 냅다 깨우고 "나만큼 당신도 자기 연민 쩌는 남자야! 하나도 도움이 안 돼!"라고 소리 지르고 싶다. 나는 숨을 들이마시고 겨우 그 마음을 억누른다. 그래봤자 없는 에너지가 더 소진될 뿐이고 서로에게 상처를 줄 뿐이다.

그보다 급한 것은 출근 전에 속상한 티를, 울었던 티를 지우는 것이다. 잠을 억지로 청하기를 포기하고 소파에 앉는다. 냉동실에 넣어둔 숟가락으로 퉁퉁 부은 눈을 꾹꾹 누르다 보니 동이 튼다. 나는 여명을 하나도 놓치지 않고 바라본다. 새벽 출근을 하는 남편이 일어나 어둠 속에 앉아 있는 나를 보며 깜짝 놀란다. 웬일로 벌써 일어났냐며 힘들 텐데 조금 더 자지라고 어색한 아침 인사를 건넨다. 그리고 현관문을 나서려다 말고 흘깃거리며 말한다.

"아이가 초등학교 들어가서 친구들이나 선생님이 부모님 뭐 하시니, 물어보면 둘 다 논다고 할 수는 없잖아. 둘 중 한 명은 직업을 가지고 있어야 하지 않겠어? 어제도 말했듯이 난 내 의지와 상관없이 생각보다 빨리 회사를 그만두게 되는 날이 올지도 몰라. 오늘도 잘 버텨봐."

오늘도 잘 버텨봐? 마지막 말로 좀 전의 다정함은 사라져버린다. 잘 버티라니. 근데 왜 그 둘 중 한 명은 당연히 나여야 하는 건데?

　나도 힘들어. 당신이 직장생활 한 게 올해로 10년차지? 난 학교도 졸업하기 전에 시작해서 18년을 일 해왔고 앞으로도 20년은 더 일할 거라고! 당신은 나랑 같이 시작했던 골프를 어떤 생활의 변화가 생겨도 포기하지 않았고, 지금도 한 달에 몇 번씩 필드 나가잖아. 나는 아이가 생긴 후 취미 같은 거 없이 살았어. 당신은 단 한 번도 좋아하는 걸 포기한 적 없잖아. 나만 매번 포기하지? 내가 울면서 한 포기들이 너에겐 당연한 선택들인 거지? 당신은 세미나와 회식도 마음대로 잡고, 그게 인간관계가 중요한 영업직이니까 그렇게 해야 한다고 합리화하지. 당신은 결혼 전후의 생활이 그다지 달라지지 않았겠지만, 난 아이와 항상 출퇴근을 같이하고 취미생활이나 동호회 활동은 커녕 일을 끝내는 대로 정신없이 아이 데리러 가기 바빠. 어쩌다 후배들이 술 한 잔 사달라고 해도 다음으로 미루다 보니 술 한 잔 안 사주는 선배가 되어버렸네. 당신이 그렇게 흔하게 마시는 술 한 잔 말이야! 아이가 아프다고 연락이 오면 눈치 보며 연가 쓰고 병원에 데리러 가는 것도 항상 나고, 아이 키운다고 휴직을 해야 하는 것도 항상 나야. 몸집이 작은 아이가 먹는 거에 별로 관심이 없는 것도 음식을 잘하지 못하는 내 탓 같고, 정리되지 않은 집에 들어서며 죄책감에 시달리는 것도 항상 나야. 왜 항상 나야? 당연한 건 없어. 매번 당연히 나여야 하는 것도 없어. 왜 나는 당신만큼 안 힘들 거라고 넘겨짚는 거야? 왜 맨날 당신이 제일 힘들다고 말하는 거야?

  내 울부짖음은 허공을 맴돌다 사라진다. 나만 듣는, 나만 서러운 하소연을 울부짖고 나면 또 참을만한 것이 된다. 우리는 또 '생활'을 핑계로 서로 이해하기를 보류한 채 선처럼 거리를 두고 각자의 영역에서 또 하루를 버틴다. 그도 나도 그것만은 알고 있다. 서로 간신히 버틴 것들이 많은 하루였을 거라는 것을.

나는 뭐 크게 바라는 게 없다

 날씨가 춥다. 하얀 입김이 나온다. 지하주차장을 나오자마자 미세먼지 섞인 짙은 안개가 덮쳤다. 공기가 무거운색을 입고, 지독하게 어둡고 무섭게 시야를 가렸다. 날씨가 안 좋다길래 다른 날보다 서둘러 나섰는데도 왠지 초조해지는 아침이었다. 집 앞 사거리에서 노란색 신호가 초록색 좌회전 신호로 바뀌었다. 슬쩍 액셀을 밟자마자 '쿵!', 파열음과 함께 운전석과 보조석의 에어백이 나란히 터졌다. 차가 좌우로 빙글빙글 돌다가 갑자기 하늘에서 뚝 떨어지는 것 같은 느낌과 함께 멈춰 섰다. '아! 내 차였구나.'

 매캐한 냄새와 함께 연기가 나는 차에서 빨리 내려야겠다는 생각이 들었지만, 몸이 잘 움직이지 않았다. 겨우 차 문을 열고 발을 내딛자마자 힘이 빠져 털썩 주저앉은 채 겨우 땅을 더듬으며 네 발로 엉금엉금 기어 보도 쪽으로 나왔다.

 어떻게 된 상황인지 잘 모르겠는데 상대방은 다짜고짜 화부터 냈다. 나는 입버릇처럼 먼저 "괜찮으세요? 죄송합니다."라고 답했다. 이런 순간에도 나는 사과부터 하다니. 아픈 것보다 이게 더 슬펐다. 출근길 아침 큰 사거리에서 난 사고였기에 곧

차들이 뒤엉키기 시작했다. 혹시 나를 알아보는 이웃이 있을까 봐, 나 때문에 출근길 정체된다고 탓할까 봐 고개를 숙였다. 떨리는 손으로 가방에서 핸드폰을 꺼내 보험사에 연락했다. 보험사와 연락이 닿은 후 바로 남편에게 전화를 했지만 신호만 가다 끊어졌다. 며칠 전 말다툼으로 냉전 중이지만 이런 상황에서 생각나는 사람은 남편이었다. 더 이상 전화할 데도 없어 핸드폰을 주머니에 넣어버렸다.

'아. 따뜻하게 입고 나올걸. 만날 롱패딩만 입다 하필 오늘 회의 있다고 재킷만 입고 나왔는데 너무 춥잖아.' 15년 운전 생활에 첫 사고라 놀라서 몸이 떨리는 건지, 날씨가 추워 몸이 떨리는 건지 모르겠다. 턱관절이 딱딱 소리가 날 정도로 부딪히며 사시나무 떨리듯 온몸이 떨렸다. 그때 남편에게 연락이 왔다.

'아침부터 무슨 일이야?' 부재 중 전화를 확인한 남편의 메시지에 '교통사고. 차는 수리해야 할 것 같지만 난 괜찮아. 근데 경찰서에 조사받으러 가야 해서 출근은 못 할 거 같네.'라는 답장에 사고 사진을 함께 보냈다. 바로 전화가 왔다. 분위기에 휩쓸려 없는 말 하지 말고 정신 똑바로 차리고 기다리면 경찰서로 오겠다며 전화를 끊었다. 남편 특유의 차가운 말투에 어지러웠던 머리가 맑아지며 몸의 떨림이 조금씩 줄어드는 걸 느꼈다. 매번 지지고 볶고 싸워도 적어도 이럴 땐 내 편인 남편이다. 경찰과 보험사를 기다리면서 반파된 누런색 SM5를 바라보았다. 범퍼가 반은 떨어져 나가 있었고, 차 아래로 흥건한 기름이 진득하게 퍼져 있었다. 그 모습이 마치 머리를 다친 사람이 피를 흘리며 누워있는 것 같았다. 사고 현장을 사진으로 받아 본 남편은 꽤나 놀랐을 거다.

차가운 바람을 그대로 맞으며 떨고 있는 사이 내가 부른 보험사와 거의 동시에 경찰이 도착했다. 상대편 아저씨는 갑자기 더 큰 목소리로 자기가 직접 신고했다며, 본인 차에서 빼 온 블랙박스 칩을 보험사 태블릿 PC를 통해서 모두가 모인 자리에서 보여주었다. 그리고는 '이 아줌마가 아무래도 초보운전인 거 같은데…'라고 운을 띄우며 상황 설명을 시작했다.

우리는 태블릿을 보고 있다가 고개를 갸웃했다. 아저씨가 말한 것과 상황이 달랐다. 화면에서는 정지선으로부터 30m는 족히 떨어진 거리에서 신호등이 초록색에서 노란색으로 바뀌있다. 상대방 차는 오히려 신호가 바뀌는 순간 더 속력을 내고 있었다. 신호등이 빨간색으로 바뀌고 어느 정도 시간이 지난 후 정지선을 통과했고, 맞은 편에서 좌회전하던 내 차와 정면으로 부딪치는 장면이 재생됐다. 당연히 나의 잘못이라고 생각했던 상대방이 당황했다. 상대방은 이럴 리가 없다며 손사래 치다가 오늘 날씨가 이상하게 뿌옇고, 내 차 색깔이 저래서 잘 보이지 않았다고 했다.

다들 그의 손가락이 가리키는 내 차로 고개를 돌렸다. 베이지와 진흙 색 사이 애매한 누런색의 SM5가 안개 속에서 처참하게 퍼져 있었다. 참 대중적이지 않은 색이라 종종 아빠 차 끌고 나온 거냐고 놀림 받았던, 진짜 아버지가 타다 물려주신 차였다.

휴직하는 동안 주차장에 차를 세워놓기만 해서 복직하기 전 동네 정비소에 끌고 갔다가, 수리비만 40만 원 넘게 들었다. 정비하는 김에 앞바퀴 2개도 추가로 교체한 게 불과 한 달 전이었다. '아, 진짜 재수도 없지. 차 수리비랑 타이어 교체비용이 헛것이 되어 버린 데다 벌금이 얼마가 나올지도 모르고, 과실이 있다면 앞으로 보험료도 오를 텐데.' 나는 아픈 것보다 돈 걱정이 되기 시작했다. 애 데리고 두 시간씩 같이 출퇴근해야 하니 어쩌면 차도 새로 사야 한다는 생각부터 들었다. 그 비용은 당장 어떻게 할지 너무 속이 상해 눈물이 났다. 끝까지 먹고 사는 문제, 돈 문제 생각하는 내 처지가 짜증이 나서 눈물이 났다. 사고 난 날은 아이의 세 번째 생일날이자, 복직한 지 겨우 보름째 되는 날 아침이었다.

며칠이 지나 경찰서에서 다시 연락이 왔다. 다행히 사고 위치의 주정차금지 단속 CCTV 카메라에 내 차가 좌회전 신호를 받고 출발한 장면이 찍혔다고 했다. 100대 0으로 내 과실은 없었다. 경찰서에 먼저 신고해 준 상대방 아저씨에게 새삼 감사했다. 경찰에 신고하지 않고 자기 보험사에만 연락했다면, 자신의 차 블랙박스 칩을 자기가 먼저 확인하고 경찰에게 건네지 않았다면, 진실이 무엇인지도 모르고 분명 나의 잘못이 있을 거라고 자책했을 것이다.

재수가 없어도 이렇게 없을까 싶어서 하루 종일 울었지만, 결론적으로 운이 좋았다는 것을 깨달았다. 딸과 매일 같이 출퇴근을 했는데, 아이 생일이었던 그날은 친정엄마가 집에서 아이를 봐주고 있었다. 아이와 함께 타고 있었다면 내가 과실이 있든 없든 나 자신을 엄청나게 원망하고 책망했을 것이다. 두 차 모두 폐차될 정도로 큰 사고였지만, 크게 다친 사람이 없었다는 것, 나의 과실이 없어 벌금과 보험할증을 피할 수 있었던 것 모두 감사한 일이었다.

장마철도 아닌데 몇 주째 계속 비가 내렸다. 꽉 막힌 월요일 아침의 도로는 평소보다 이른 시각인데도 전혀 움직임이 없었다. 조금씩 정체가 풀려서 차들이 움직이기 시작하자 바짝 뒤쫓아 오던 빨간색 차가 갑자기 요란하게 경적을 울리며 내 차와 거의 부딪힐 듯 스치며 앞서 나갔다. 그러더니 얼마 못 가 바로 앞에서 다른 차와 부딪혔다. 그 사고로 여러 대의 차량이 뒤엉킨 채, 도로는 아예 숨 줄기도 흐르지 않고 움직임조차 사라져버렸다.

그래도 오늘은 사고가 비껴갔다. 하루에도 몇 번씩 출퇴근길에 마주치는 크고 작은 교통사고 현장 속에 내가 있지 않음에, 아이도 나도 사고 없이 돌아왔음에, 하루 4시간은 기본 운전하며 회사에 다니는 남편도 무사히 집에 돌아온 것에 감사한 하루다. 내가 조심한다고, 잘못이 없다고 해서 무조건 안전한 것은 아니다. 착하고 성실하게 열심히 하루를 산다고 모두가 잘 되는 것도 아니다. 그런 세상에서 특별히 유쾌한 일은 없었지만 별 일없이 무사히 하루를 보낸 것만으로 우리가 대견하다. 오늘도 잘 버티고 잘 넘겼다. 모두 수고했다. 다행이다.

다정의 말을 적재적소에

 무례함을 어디까지 견뎌야 하는 걸까. 아니 무례함은 어디서 오는 것일까. 상대의 마음 따위 아랑곳하지 않고 내뱉고야 마는 무신경함. 익숙해지지 않는다.
 직장 어린이집을 다니는 아이와 출퇴근을 함께 하다 보니 어쩔 수 없이 아이와 함께 있는 모습을 회사 사람들이 자주 본다. 어린이집 현관문 앞에서 아이와 한참 힘겨루기 하다가 아이를 밀치듯 들여보내고 돌아서다가 이전 부서 사람들을 마주쳤다. 안 봐도 내가 어떤 얼굴이었을지 상상이 갔다. 그들은 잔뜩 찌푸린 미간과, 깊은 팔자주름을 보았을 것이다.
 "아직도 애가 어린이집 다녀? 언제 다 키워?"
 "늦둥이 낳은 거야? 중학교 다니는 애가 있지 않았나?"
 "너도 나이 드는구나. 흰머리는 언제 이렇게 많이 난 거야. 왜 염색도 안 하고 그러고 다니니. 애 키우는 거 너무 티 내지 말고 피부 관리도 좀 하고."
 오랜만에 마주쳤는데 딱히 할 말이 없어서 별 뜻 없이 건넨 말일 것이다. 알지만 그냥 흘려들을 수가 없다. 굳이 말하지 않아도 될 것을, 당신이 말하지 않아도 나 스스로 알고 있다고 소리치고 싶은 것을 간신히 참는다.

 직장업무 스트레스인지, 육아에 대한 자책감 때문인지 나는 생기를 잃어갔다. 내 자신이 시들어가고 있음을 누구보다 내가 잘 알고 있다. 물을 마셔도 목은 마르고 눈은 뻑뻑했다.

 가까스로 출근카드를 찍고 엘리베이터를 탔다. 그 안에서 20대 초반의 내 모습을 아는 직장상사들을 만났다. 지금은 타부서에서 일하지만 언제나 나를 아끼고 챙겨주시는 분들이다. 그들도 내 얼굴에서 어떤 상태를 읽어냈을 것이다.

 "이거 집에 가져가서 먹어. 네 생각나서 내 것 사는 김에 하나 더 샀다. 언제 전해주나 했었는데 마침 마주쳤네."

 가슴이 철렁한다. 주사님이 건네준 비타민 통을 두 손으로 받아 쥔다. 눈알이 시큰거려서 눈동자에 힘을 빡 준다. 직장생활 18년동안 눈알에 힘줘서 눈물 참아내기는 내 특기가 됐다. 그런데 오늘은 참을 수 있는 눈물 양을 초과했다. 얼른 고개를 숙인다. 또르르 흘러내린 눈물이 신발 위로, 바닥으로 후두둑 떨어진다. 혼자 있을 때는 눈물도 안 나오더니 직장 사람 다 모인 갇힌 공간에서는 잘도 나온다. 엘리베이터의 문이 열린다. 아주 잠깐이지만 그 안의 사람들은 나에게 운다고, 울지 말라고 말하는 사람이 아무도 없었음을 내리면서 깨닫는다. 울어서 후련해진 것인지, 지금 두 손에 들고 있는 비타민 통 때문인지는 모르겠지만 마음이 풀린다.

김창경

말의 힘이 크다는 건 다들 알고 있지만 의식하지 않고 툭툭 튀어나오는 게 또 말이다 보니 일상 속에서 흘러가듯 생각 없이 뱉어 버릴 때가 많다. 실수로 흘린 말은 주워 담을 수 없음을, 그래서 정말 신중해야 하고 조심해야 함을 알고 있는데 나 역시 헛말이 자주 나온다. 한 박자 쉬면서 좀 더 생각하고 발화해야 하는데 의지와는 상관없이 그냥 튀어나오곤 한다. 머리로는 지금이라도 멈춰야 한다고 생각하지만 입은 비탈면을 구르기 시작한 바위처럼 멈추지 못할 때가 많다. 분위기를 풀기 위해 농담 삼아 하는 말들이 내 노력과는 무색하게 절제를 잃어버린다. 무례함의 영역에 들어갈 때도 있다. 그런 때는 후회하고 자책하다 새벽까지 잠을 이루지 못한다.

　나는 더 이상 다른 사람들의 말에 휘둘리지 않겠다고 다짐하며 컴퓨터를 켠다. 하지만 부팅화면이 사라지기도 전에 쉽지 않을 것을 깨닫는다. 감수성이 높아 주변 환경에 예민한 편이므로. 좋다, 내가 듣는 말은 어떻게 못하더라도 적어도 다른 사람들에게 하는 말은 배려하자고 다시 다짐한다. 다정하고 상냥한 목소리로 전해지는 말은 온기를 품고 상대에게 닿아 지금 이대로 충분히 괜찮은 사람이란 자각과 더 나은 사람이 되고 싶은 동기를 주는 것을 알기에. 그것은 가능할 것이다. 이런 다짐을 포스트잇에 또박또박 써서 모니터에 붙인다. '다정의 말을 적재적소에!'

아낌없이 주는 마음, 두려움 없이 받는 마음

김창경

월요일 아침. 반복되는 도돌이표의 시작인지, 끝인지 모를 일곱 날 중 하루. 사무실에 들어가며 입꼬리를 한껏 올리고 인사를 건넨다.

"좋은 아침. 주말 잘 보냈어?"

"아! 망했어요. 지난주엔 유독 힘들어 금요일에 쉬면서 남자친구도 만나려고 연가까지 낸 건데 주말에도 못 본 거 있죠. 아니 갑자기 컨디션이 좀 안 좋아서 쉬고 싶다고 하더니 지금까지 연락이 없어요. 지금까지 매주 만났는데, 아무리 힘들어도 만났는데. 내가 먼저 연락하자니 쉬겠다는 사람에게 피곤하게 구는 것 같고. 연락이 올 때까지 기다리자니 답답하고. 저 이런 거 너무 싫어요. 항상 상대편이 더 좋아했는데 어느 순간 내가 매달리는 느낌. 내가 연애에 있어 또다시 연애 루저가 된 것 같은. 매번 내 감정이 어느 순간 커져버리고 절묘하게 상대방은 감정이 식어버리는 것 같은 반복이 너무 싫다고요. 계속 이런 생각만 하고 금, 토, 일 꼬박 3일을 보냈어요."

가벼운 출근 인사를 건넨 것뿐인데 이건 예고 없는 연애고민 상담이다. 아이고, 당황스러우면서 신박하다. 이제 연애를 시작한 이 귀여운 직원은 얼마나 마음을 스스로 들들 볶았기에 탕비실도 아닌 사무실 한 가운데에서 가방도 내려놓기 전인 직원들에게 하소연을 하는지, 그 모습이 귀엽게만 보인다.

"표현을 먼저 더 많이 하는 사람이 대단한 거지. 그게 왜 지는 거야."

"주사님! 말과 행동이 다르시잖아요. 주사님은 남편한테 전화 왔을 때마다 응, 아니, 이렇게 대답만 하다 끊는 거 봤는데, 현실적인 고민 상담 좀 해주세요. 주사님은 같이 있을 때는 표현 많이 하세요? 아낌없이요. 결혼해서 누가 더 많이 표현하느냐가 자존심 상하거나 나만 더 좋아하는 것 같아서 속상하거나 그러진 않으세요?"

허를 찌르는 통찰력이다. 나는 주어진 에너지를 최대한 아끼기 위해 불필요한 일들에 힘을 빼는데, 그게 하필이면 요즘 남편과의 감정 혹은 감정싸움이다. 그러니까 남편과의 사랑이 지금 나에게 있어 가장 불필요한 상황인 것이다. 그래서 나는 남편과 대화할 때는 가장 필요한 말만 주고 받는다. 그 에너지를 아껴 일에 쓰고, 육아에 쓴다. 그런 생활을 하는 내가 난데없이 사랑의 한 가운데 서서 인간 탐구, 실존 문제에 몰두중인 후배의 이야기를 고민상담 해준답시고 열심히 듣는다. 그러면서 내가 요즘 애들 연애에 대해 어떤 말을 해줄 수 있을까 싶어 그냥 열심히 고개를 끄덕인다.

김창경

　이야기를 듣다보니 새까맣게 잊고 살았던 끊긴 인연들이 떠오른다. 누가 더 많이 사랑하는지, 그 마음은 티가 나기 마련이다. 왜 사랑은 숨길 수 없는가. 왜 사랑을 하면서 끝을 끊임없이 생각할까. 아낌없이, 두려움 없이 사랑하자고 다짐하면서 이상하게 연애만 하면 그게 안 됐다. 언제나 상대가 나에게 아낌없이 사랑해주어야 비로소 안심이 됐다. 나는 선물이든, 시간이든, 정성이든 상대방의 표식이 담긴 것이 있어야 우리의 관계가 무너지지 않을 것 같았다. 연애를 하다 서로가 익숙해지고, 두근거림도 줄어들기 시작할 무렵, 그 표식들도 줄어들었다. 나는 그때를 기가 막히게 눈치채고 종종 불안해졌다. 상대가 나를 더이상 사랑해주지 않을까 봐, 그 전보다 덜해져서 나중에 내가 울게 될까 봐. 그래서 늘 내 마음이 상대의 마음보다 더하지 않도록, 민감하게 저울질했다. 너무 기울어서 내가 절망하지 않도록, 상대가 돌아서지 않도록.

　남녀 사이에 설렘이 있을 만한 모든 인연이 끊기고, 더이상 있어서도 안 될 기혼자가 되자 나는 왜 그렇게 안심이 되었던가. 설렘이 줄어들어도, 남편에게 연락이 줄어들어도, 선물의 질이 떨어져도, 끝장낼 것처럼 싸워도 우리 사이에 끝은 없을 거란 막연한 믿음이 있었다. 육아와 일의 병행이 힘들어도, 시댁과 문화적 차이가 있어도, 남편에게 이해받지 못해서 외로울 때도 사랑의 테두리 안이었다. 안온한 사랑의 경험이었다. 원

가족에서도 이해받지 못한 나를 이해받았던 단단한 결합. 이상적이지만은 않더라도, 늘 좋지만은 않더라도 이 사람과 살면서 까마득한 절망은 없었다. 단단하다가, 때론 어렴풋하게 나를 늘 따스하게 감싸주는 보호막이 있었다. 내 선택으로 이루어진 가족이란 이름의 사랑이었다.

"그 사람이랑 계속 만나고 싶어? 결혼도 생각하게 되고?"

"뭐 그렇죠? 좋으니까 계속 사랑하고 싶고. 결혼은 아직 잘 모르겠는데 때가 됐으니까 해야 할 것 같고. 이런 마음이면 결혼해서도 괜히 사서 고생할 것 같기도 하고. 주사님 보니까 일하면서 육아하는 게 쉽지 않아 보이고 암튼 복잡하네요."

나는 후배가 느끼는 기분을 너무 잘 알고 있다. '더 나이 먹기 전에 결혼해야지. 도대체 언제 할 거냐'로 끝나는 주변 직원들의 얘기에 별로 공감할 수도 없었고, 이해되지도 않았는데, 자기들은 결혼해서 너무 힘들다면서 왜 자꾸 나한테 결혼하라고 안달인 건지, 결혼을 하고서도 그들을 이해하지 못했는데 아이를 낳아 키우면서 알게 되었다. 태어나서 이렇게 오롯이 두려움도 계산도 없이 타인을 사랑해본 적이 없었던 날들이어서 행복하다. 나는 아이를 보는 순간 세상에서 가장 행복한 사람이 된다.

"사랑한다면 후회 없이 계속 표현하고 사랑해. 상처받기 두려워서 마음 아낀 너를 언젠가 미워하게 될 날이 오지 않도록.

더 많이 사랑해본 사람은 아름다운 추억을 가지는 거지만, 마음을 아낀 사람은 깊은 후회만 가지게 되더라. 사랑하다가 기꺼이 결혼이라는 문제가 다가오면 너무 두려워하지 말았으면 좋겠어. 아!! 결혼도 굳이 안 해도 될 거 같은데, 아이 낳을 거면 너무 늦지 않게 가. 나이 들어 애 키우려니 체력이 달려 힘들다."

후배는 웃었다. 뭔가를 바라고 한 말은 아닐테지만, 너무나 모순적이고 전형적인 반응이라 답을 구하긴 힘들 것이다.

나는 딸과 남편을 떠올려본다. 타인에게 상처받거나 실망하고 싶지 않아 관계의 마음을 최소화하지만, 가족과 있으면 너무 애쓰지 않아도 된다. 얼른 그들이 보고 싶다. 안온하고 편안한 우리 집에서는 나의 날선 마음도, 피로도 숨 쉴 수 있다. 신뢰가 있어서다. 아낌없이 주어도, 두려움 없이 받아도 된다. 우린 그러려고 결혼하고 아이를 낳고 사는 것이니까. 편하게 쉬고 지지받으려고. 오롯이 있는 그대로의 나를 수용 받을 수 있는 한 곳을 만들려고. 남편과 별다른 대화를 하지 않고 누워서 아이에게 동화책을 읽어주다가 같이 잠이 든다. 그렇게 내가 선택한 사람과 우리를 찾아온 아이가 있는 집에서 나는 비로소 숨을 쉰다.

도시의 한복판, 아니 비켜난 곳에

 옆 동네 살면서 서로 의지하며 같이 애들을 키우자고 하던 언니가 배신했다. 애들 데리고 더이상 도시에서 살기 싫다며 시골살이를 떠났다. 언니는 별 볼 것 없어서 떠난 고향을 다시 자기 발로 걸어 들어갔다. 앞으로 함께 살아가자고 했던 나와 내 딸은 덩그러니 도시에 남겨두고. 직장에서 일과를 마치고 우린 자주 함께했다. 언니는 집밥 먹이는 것을 좋아해서 퇴근 후 갓 지은 밥과 맛있는 요리를 내왔고, 나는 그 시간 좀 쉴 수 있어 행복했다. 나와 잘 떨어지지 않으려는 딸은 또래 조카들과 잘 어울렸다. 외동딸을 키우는 약간의 걱정거리들도 조카들과 어울리면서 덜어냈다. 언니는 나의 수다를 들어주던 절절한 친구였다. 그야말로 환상적인 공동육아였는데.
 언니가 시골로 내려간 후, 딸과 나는 좀 더 간단히 저녁을 해결했고, 외로운 날도 늘었다. 그래도 시골로 따라 내려가고 싶은 생각은 없었다. 외로울지언정 과하고 무례한 참견이 없는 도시가 좋았다. 아무도 나를 알아채지 못했고 아무도 나를 특별하게 대하지 않았다. 그것이 무관심일지라도, 냉대라 해도 괜찮았다. 도시의 익명성을 무한 사랑하므로.

김창경

　어려서부터 살았던 농촌 소도시를 대학 진학과 더불어 떠났다가, 지방직 공무원 신분으로 다시 돌아간 적이 있다. 워낙 작은 소도시라 10년 만에 신규직원을 뽑았을 때 동료들의 관심은 불필요할 정도로 컸다. 첫 출근한 지 며칠 지나지 않아 어디에 살고, 어느 대학교를 나왔는지 뿐만 아니라 가족이 몇이고 그 가족들은 무슨 일을 하는 지까지 모두 밝혀졌다. 대단할 것도 없는 나의 역사가 대단한 정보인 양 퍼져 나갔다. 어려서 살았던 곳이고, 부모님이 여전히 살고 계셨으므로 몇 다리 건너면 모두 아는 사람들이었다. 일을 시작하기 전까진 이런 환경이 좋지 않을까 막연히 생각했지만 오산이었다. 내가 모르는 사람들이 나의 집안 사정까지 너무 속속들이 아는 듯 함부로 아는 체하며 친근하게 구는 건 썩 기분 좋은 일은 아니었다.

　"김 주사. 내가 너희 큰 아버지 친구인데 다음 달에 있는 수해복구 현장 말이야, 어떻게 유리하게 잘 해줄 수 없나?"

　"나 김 주사 아빠 초등학교 동창인데 기억하려나. 아주 어렸을 때 발가벗고 놀 때부터 봐 왔었는데. 우리 집이랑 냇가로, 산으로 같이 놀러 많이 다녔었지? 내가 연락한 건 이번에 일이 좀 있는데 김 주사가 해결 좀 해줄 수 있을까 해서."

　일 관계자로 만나도 나를 직원으로 대하기보다는 누구의 딸, 누구의 친척, 지인의 지인까지 먼저 얘기가 나오는 관계가 너무 어려웠다. 힘도 없는 말단직원에다 나이 어린 나를 앞에 두고 장황하게 그들의 요구조건을 이야기했다. 규정상 어렵다고 하면 함부로 화를 내고, 부모님이 잘못 키웠다고 하고, 어른 공경 못 한다고 소리를 쳤다. 그런 무례를 뒤집어쓰며 일했다. 우리 가족들 얘기를 부풀려 왜곡해서 나와 가까운 사이임을 강조하기도 했고, 개인적인 일을 대단한 일이었던 것처럼 공공연하게 말하는 사람도 있었고, 이상한 소문을 만드는 사람도 있었다. 그런 말들을 믿을까 싶었지만 사람들은 예전부터 알던 사이라는 말 한마디에 어떤 비판적 판단도 하지 않고 쉽게 믿었다. 소문과 무례의 말들은 돌고 돌아 나에게 어김없이 돌아왔다. 예의가 없었다. 최소한의 선도 없었다.

무례가 몸에 밴 사람들의 태도와 말투는 시간이 지나도 적응되지 않았다. 그 시절 나는 겉으로는 털털한 척했지만, 퇴근 후에는 마음의 내상을 끌어안고 자주 울었다. 이곳에서 정년이 되도록 일하며 버틸 자신이 점점 없어졌다. 한계라는 생각이 미쳤을 때 다행히도 떠날 곳이 생겼다.

서울 다음으로 인구밀집도가 높은 경기도. 서울에 진입하지 못한 사람들이 집값이 저렴해서 주거지로 선택한다는 경기도. 나는 그곳에서 20년 가까이 일하면서 결혼도 하고, 아이도 낳고, 살고 있다. 고향에서 산 만큼의 시간을 여기서 살았으니 나는 이제 여기가 고향 같다. 그럼에도 이곳 역시 참 깊은 정은 생기지 않는다.

김창경

  여기에는 살아남기 바쁜 삶들이 모여 있다. 자기 몫의 삶을 살아내는 것이 벅차기에 타인에게 큰 관심을 가지지 않는다. 세상으로 향하는 작은 관심마저도 아껴 하루하루를 버텨내는데 보탠다. 왜 이렇게 도시 사람들은 바쁘고, 힘들고, 고된지 이유를 생각할 틈도 없이 나도 도시 사람이 되어갔다. 우리는 더 나은 삶을 위해 어디든, 언제라도 떠날 수 있는 사람들이다.

  같은 월급을 받는 공무원이라도 일이 많고, 물가는 비싸고, 호의를 내미는 사람은 드물어서 시골보다 더 팍팍하다. 집값은 나날이 오르고, 어딜 가나 돈 쓸 일은 많다. 나는 그래도 도시가 좋다. 적당히 모른 척해주고, 그렇게 무신경하게 사는 이방인들의 고향.

  아무도 나를 제대로 봐주지 않는 속에서 나는 오늘도 안심하고 살아간다.

얼마만큼 배워야 잘 살 수 있는 걸까

 직장생활을 하면서 대학원을 졸업한 언니가 너는 왜 공부를 안 하냐고 물었다. 공무원이 됐다고 안심하지 말고 자기 계발을 하란다. 요즘같이 배움이 자기 능력의 증거가 되는 시대에, 우리같이 평범한 사람들은 어떻게든 노력해야 한다고. 기술사를 따든, 대학원을 가든, 뭐든 좀 해보라고. 나는 소파에서 TV 채널을 돌리며 피식 웃었다.

 언니는 논문을 쓰는 동안 자기가 이렇게 무식한 줄 몰랐다며, 논문 쓰는 것이 어렵다며 거의 매일 밤 울었다. 울고불고 하소연해서 내가 시달린 밤이 한두 번이 아닌데 그 고통의 눈물을 새까맣게 잊어버린 언니의 기억력이 의심스러웠다. 나는 언니가 자격시험이나 논문 같은 것들을 준비하면서 괴로워할 때마다 속으로 생각했다.

 '그러게 왜 힘들게 번 돈을 학비로 다 써버리면서 고생하는 거지? 이미 직장을 다니고 있는데. 더 공부한다고 직업이 달라질 것도 아니고, 월급을 더 주는 것도 아닌데. 나는 직장에서 맡은 업무들을 숙지하는 데도 시간이 오래 걸려서 더는 아무것도 배우고 싶지 않은데.'

언니뿐만 아니라 부모님도 일하면서 대학원 석사까지 했지만, 석사 전후의 삶은 크게 다르지 않아 보였다. 세상은 언니와 부모님 같은 사람들로 넘쳐났다. 석사는 흔하고, 박사도 차고 넘쳤다. 그렇다고 배운 사람들이 뭐 대단한 일을 해내는 것도, 아주 성공하는 것도 아니었다. 본인들의 자기 만족감이라던가, 성취감을 위해 공부한 것은 아니었을까.

나는 대학교 4학년 1학기 때, 9급 공무원 시험에 합격했다. 다행이었다. 딱히 인턴 경험도, 토익 점수도, 해외 유학 경험도 없는 나에게 너무 다행한 일이었다. 취업하고 출근하느라 대학 생활의 마지막 한 학기는 겨우 시험만 치고 졸업했다. 대학 졸업장을 위해 최소한으로 필요한 5학점을 채우려고 갖다 바친 한 학기 공대 등록금은 9급 공무원의 네 달치 월급이었다. 1년(2학기)을 남기고 휴학 중에 취업한 동기 한 명은 이미 낸 등록금보다 내야 할 등록금이 더 아깝다며 고졸(대학교 중퇴)을 택했다. 그도 나와 같은 9급 공무원이었다.

고졸이나 대졸이나, 석사나 박사나 내가 속한 직장에선 차이가 거의 없었다. 차이가 전혀 없다고는 할 수 없겠지만, 공부 잘하는 사람이 일을 잘하는 것도, 학벌이 높다고 인성이 좋다든가 성과를 잘 내는 것도 아니었다. 무엇보다 내가 피 말라가며 번 돈을 겉치레하듯 공부에 쏟아부을 만큼 절실하지도 않았다. 대학에서 비싼 돈 주고 배운 것들이 이제 와 보니 그만큼의 값어치가 있다고 생각되지 않았다. 그저 남들이 다니니 다녔고, 배워야 무시 안 당한다고 했으니 남들만큼 배웠을 뿐이었다.

딸아이가 6살이 되던 해에 같은 어린이집을 다니는 아이 중 절반 이상이 유치원으로 옮겼다. 딸아이가 다니는 직장어린이집은 보육 중심에, 누리 교육과정 중 가장 기본적인 것만 이행한다는 소문이 돌아서였다. 원장선생님도 다른 유치원보다 인지적 수업을 최소화하고 있으며 한글은 자연스럽게 배워 나가는 것이기에 학습으로 인지되는 것을 지양한다고 했다. 이대로 괜찮은 걸까? 아이를 위해 내가 할 수 있는 선택 중 최적의 답안이 무엇인지 찾기 위해 뭘 해줘야할 지를 육아선배인 동료들에게 물어보았다. 영어유치원이나 동네에서 인기 많은 유치원으로 옮긴 후 학습과정의 만족도나 아이의 적응력, 퇴근 시간 전 이른 하원시간과 2~3주간의 방학기간은 어떻게 대처해야할지, 선행학습은 언제 시작해서 어디까지 해야 할 것인지 등등 답을 구하고자 하는 질문들이 너무 많았다.

동료들의 대답은 아이들의 개성만큼 천차만별이었다. 아무것도 안 시켰는데 학교 들어가서 알아서 하더라, 일단 입학하니 시작부터 출발점이 달라서 고생이더라. 나는 그 말들에 이리저리 휘둘렸다. 내가 업무를 잘 해내고 인정받은 날은 아이가 알아서 배움을 찾아갈 거란 믿음이 생기다가도, 업무가 꼬이고 자책감 드는 날은 내가 부모로서 아이에게 해줄 수 있는 환경을 만들어줘야겠다는 의무감이 들기도 했다. 나는 하늘을 나는 비닐봉지처럼 허공을 떠돌았다. 마음도, 의지도.

  그러다가 결단했다. 출퇴근 시간에 맞춰 아이를 일찍 보내고 늦게까지 맡길 수 있는데다, 방학 기간이 따로 없이 긴급보육이 잘 되는 직장어린이집을 그냥 다니기로. 책을 좋아하는 아이니 때가 되면 자연스럽게 한글이나 숫자에 관심을 가지게 될 거란 믿음과 기대도 있었다. 종일 일하는 엄마의 아이는 자기가 알아서 스스로를 챙길 단단함을 가져야만 했다. 나의 딸도 그렇게 해낼 힘이 있다고 다독였다.

  하지만 그 다짐은 금방 무너졌다. 자연스럽게 하기를 기다리다 내가 먼저 지쳐서 결국 방문학습지를 시작하고 말았다.

  "수아야. 네가 좋아하는 윤우가 똑똑하고 아는 게 많은 현명한 여자애를 좋아한대. 그러니깐 우리 한글 공부를 시작해 보자. 한글을 알면 책도 직접 읽을 수 있고 그럼 아는 것들도 많아질 거야."

  아이는 눈을 반짝이며 답했다.

  "윤우가 미녀와 야수에 나오는 벨 같은 여자 좋아한다는 거지? 난 똑똑한 여자가 될 거야"

  크게 거부감 없이 학습지 선생님을 따르던 아이의 열정은 세 번의 수업 후 연습이 부족하니 조금 더 노력하라는 선생님의 말에 금방 식어버렸다. 노력의 힘보다 칭찬의 말이 더 고팠던 어린이였다. 다음날 하원 시간, 아이는 날 보자마자 말했다.

"엄마. 나 공부시키려고 내 마음을 이용했지? 윤우가 똑똑한 여자 좋아한다고 거짓말 했잖아. 내가 오늘 윤우한테 직접 물어봤더니 예쁜 여자 좋아한대. 나 이제 공부 그만하고 예뻐질 거야."

내가 아이를 너무 얕잡아봤다. 나는 배움이 그저 수단이자 도구였던 삶을 살아와서, 아이만큼은 마음이 먼저 움직여 배움을 향해 나아가길 바랐다. 결국 내가 해야 하는 건 기다리는 일이었다. 내 마음에도, 아이 마음에도 배움의 싹이 트기를. 진정으로 알고 싶은 마음이 생기기를.

출근 준비를 하며 육아 방송을 습관처럼 틀어놓는다. 방송에서 육아 전문가가 4~6세 사이의 교육에 대해 설명하고 있다. 언제는 태어나 3살까지 엄마와의 애착 형성이 아이의 인생에서 가장 중요하다더니 요즘엔 6살에 평생 뇌력이 결정된다며 4~6세 사이의 교육이 가장 중요하단다.

우리 아이는 올해 6살이다. 가장 중요한 시기에 딸과 나는 어디를 표류 중인가 생각해본다. 그러다 깨닫는다. 아이를 키우는 매 시기가 중요하지 않은 순간이 없고, 다시 오지 않을 지금에 충실해야 한다고. 그렇다면 나는 아이에게 억지로 뭘 가르치려고 하지 않고, 그냥 꼭 안고 매일을 뒹굴어야지. 매일 피로와 긴장에 찌든 모녀가 틈만 나면 꼭 껴안고 두 눈을 마주쳐야지. 그것이 오늘 딸과 나의 배움 몫이다.

편애하는 사이

엄마도 엄마가 처음이라 그래.

이 말로, 엄마로서 아이에게 준 상처를 씻어낼 수 있을까. 나는 매번 첫 아이이자, 외동딸인 아이를 키우며 절절맨다. 매일이 시험이다. 아이를 만나고, 엄마라는 직함을 가진 순간부터 처음이 붙는 모든 시도들을 수없이 해냈다. 기저귀를 가는 날, 수유를 하는 날, 분유로 갈아타기 하는 날, 유모차 타는 날, 카시트 타는 날, 외식하는 날, 어린이집에 가는 날, 비행기 타는 날….

지나고 보면 그리 대단하지도 않은 일들에 '너'와 함께 '처음'인 시도에 매번 마음을 졸였다. 뭐하나 쉽게 되는 것이 없었다. 울며불며 수유하다가 분유로 갈아타기 한 날, 행여 네가 거부할까 봐 마음 졸였고, 어린이집에 너를 놔두고 돌아섰을 때 문 너머 들리는 너의 울음소리가 더이상 새어 나오지 않을 때까지 같이 울면서 현관에서 기다렸다. 단순한 모든 것이 단순하지 않은 것들이 되었다. 나의 마음은 나만의 것이 아닌 너와 함께 하는 것이 되었다.

내 몸에 만져지는 멍울보다, 아이 몸에 옅게 그어진 실선 같은 상처가 더 급하고 신경 쓰이는 나날 속에서 나는 아이에게 스민다. 나는 편애할 수밖에 없다. 아이는 나의 모든 세상이기에. 나의 마음도 몸도 너에게 물들어 있기에. 더이상 엄마 아닌 나의 삶을 상상할 수 없게, 아이와 나는 하나가 된 듯한 생각에 빠진다. 어린 시절 내가 받고 싶었던 것들을 딸에게 해주고, 아이의 환대 속에서 나는 더 빛이 난다. 아이에게 나는 최고의 사랑이며, 세상 전부라는 것도 안다. 나는 자식 하나면 족하다. 충분하다. 우리는 오롯이 서로의 신뢰를 빛내므로.

언니는 나에게 묻는다. 그렇게 아이에게 헌신적이고 다정한데 왜 둘째를 낳지 않느냐고. 첫째는 매 순간 시험치듯 낯선 처음을 경험하면서 마음 졸이고 서투르게 키우지만 둘째는 절로 큰다고. 언니는 첫째라서 모른다. 둘째에게 한정적인 세상을. 처음부터 엄마로부터 받을 수 있는 사랑과 관심이 반쪽이지만, 그것이 전부인 줄 알고 크다가 자라면서 느끼게 되는 상실감과 서운함을. 첫째만 힘든 것이 아니다. 둘째로 태어나더라도 둘째는 인생이 처음이라 힘들다. 첫째와 똑같은 관심을 필요로 한다.

언니는 모른다. 처음부터 가졌으니까. 엄마의 마음 졸임과 사랑과 기대, 시도, 그 모든 순간을 함께 했으니까. 엄마와 언니의 한없이 가깝고, 때론 수평 같은 그녀들의 감정선에 비켜선 나는 부럽다. 언니의 그 모든 순간이. 엄마의 모든 것이었을 그 처음 시도를 오롯이, 당연히 받았을 언니가 오랫동안 시샘이 났다. 그걸 모르고 그 깊고 처절한 사랑을 아무렇지 않게 받아먹은 언니가 미웠다. 물론 건강에 대한 염려나 현실적인 문제도 있지만 같은 이치로 둘째는 절로 크는 것이 아니기에 나는 둘째를 낳지 않는다고 답한다.

부모로부터 차고 넘치는 사랑을 받으며 그것이 사랑인지도 모르고 자란 언니에게는 두 아들이 있다. 언니의 외모와 성격을 똑 닮아 매사 예리한 눈으로 상황을 관찰하고 감정으로 사태를 먼저 받아들이는 첫째, 매사 감수성 예민한 형에게 치여 엄마의 관심은 어쩌다 형이 무던히 지낼 때만 오롯이 받게 되는 둥글둥글한 둘째. 생긴 것도 둥글둥글, 눈웃음도 둥글둥글, 자신에게로 향하는 부족할 사랑도 기꺼운 마음으로 받아들이는 마음마저도 둥글둥글.

언니가 부산에서 둘째를 낳았을 때, 태어난 지 6개월 남짓 된 딸아이를 데리고 언니와 조카들을 만나러 갔었다. 당당하고 천진난만한 첫째 조카가 먼저 달려와 나에게 안긴다. 한참을 조잘거리고 자기 볼일이 끝나서야 나를 놔준다. 나의 눈길은 그제야 둘째에게 향한다.

언니의 둘째와 처음 마주한 풍경. 아직 뒤집기도 못하는 몸으로 가만히 누워 첫째를 안고 책을 읽어주고 있는 엄마의 뒷모습을 그저 눈으로만 하염없이 쫓아가며 바라보는 모습. 우는 게 일인 신생아가 조리원에서도 울지 않아 엉덩이가 헐어왔다더니, 언니의 말대로 둘째 조카는 잘 울지 않았다. 대신 끊임없이 엄마를 그윽한 눈으로 바라본다. 그 순순한 눈빛이 애잔해서 나는 자꾸만 둘째 조카를 바라본다.

둘째로 태어난 아이, 러시안 룰렛처럼 어쩌다 둘째로 태어난 아이, 나와 둘째 조카. 태어나자마자 막강한 성질의 첫째가 부리는 텃세에 밀려, 웬만해선 자신을 낳은 엄마에게조차 시선 한 번 받기 힘든 아이.

조카들에게 어떤 싸움이 일어나면 비슷비슷하게 잘못해도 언니는 첫째 아이의 편을 든다. 나이 차이 안 나는 두 형제에게 위계서열을 확실히 해야 한다나.

언니의 첫째를 가만히 보고 있자면 어쩜 이런 것까지 구석구석 언니를 닮았을까 싶다. 예민하게 감정 포착을 잘하고 자기에게 유리하게 행동할 줄 알며, 첫째라서 받은 기대와 사랑은 당연해하고, 자기가 원하는 대로 동생이 따라야 한다.

반면, 형에게 치여 눈치를 많이 보며, 눈치 빠른 것이 장점이 되고, 가지지 못하는 것을 빨리 포기하는 데 익숙한 것이 순하다는 칭찬이 되어 돌아오는 둘째 조카가 애잔하고 더 사랑스럽다.

첫째로 태어나 온갖 관심과 사랑을 당연한 듯 독차지하다 둘째의 탄생으로 예전과 같지 않은 집안의 분위기가 인생 첫 시련이 되는 첫째들. 둘째로 인한 첫째의 상실감은 어느 날 갑자기 남편이 후처를 데려와 가지고 있던 모든 걸 빼앗긴 본처에 빗대어 지기도 한다. 나는 모를 감정이지만 언니는 그 감정이 강렬하게 남아 있는 듯하다. 내가 다쳐서 병원에 입원했을 때조차 언니는 엄마의 관심을 받아서 좋겠다며 나에게 심술을 부렸다. 내가 교통사고가 나서 입원했기에 받을 수 있었던 나만의 인형조차 이미 다 가진 언니는 탐을 냈다.

동생에 대한 양보를 강요해 스트레스를 받게 할 수 없다며 둘째들은 모르는 첫째 콤플렉스를 속상해하는 언니다. 언니도 첫째라 그런지 둘째는 기다림 후 누군가의 양보를 받아야만 뭐든 가질 수 있다는 걸, 처음부터 온전한 독점은 한 번도 가져본 적 없다는 걸 모르는 듯하다. 새것이 아닌 첫째에게 작아지거나 더 이상 필요 없어져서 물려받는 물건 때문이 아니다. 웬만한 일로는 부모의 관심을 받기 힘든 서러움을 첫째가 알 리가 없다. 경험해보지 않았으니 내가 언니의 감정을 모르듯 언니도 나의 감정을 모를 것이다. 이것은 운명이 우리에게 준 오해의 몫이다.

머리로는 이해하지만 마음으로는 깊이 들어설 수 없는 미지의 영역이자, 다자녀 집안에 스미는 운명의 장벽. 첫째는 첫째만의 둘째는 둘째만의 막내는 막내만의 영역. 엄마, 아빠의 첫째 아이인 데다 병치레가 잦았던 언니와 집안의 유일한 아들이자 막내인 남동생. 그리고 그사이에 끼인 애매한 나. 둘째의 영역에서 나는 자주 속상했다. 언니는 그걸 알 턱이 없으니 자신의 둘째 아들 마음도 잘 모르겠지.

어떤 상황에서든 둘째보다 첫째의 마음을 더 생각하는 언니가 얄미워서 핀잔을 줬다. 언니에게서 태어난 둘째 조카가 불쌍하다고, 너무 첫째만 신경 쓰는 거 아니냐고. 무덤덤하던 언니가 갑자기 눈물을 흘리면서 소리 질렀다.

"알아, 나도 안다고. 내가 너무 한 거 아는데, 나도 좀 살고 싶어. 첫째 아이가 너무 예민해서 둘째에게 관심을 주면 정말 감당할 수 없을 정도로 울어. 너는 아이가 하나라서 모른다고. 아들 둘의 신경전을. 나도 우리 둘째가 너무 불쌍해. 첫째가 좀 더 크면 둘째에게 정말 다 해줄 거야."

불쌍하면 좀 잘해줄 일이지 울기는. 언니는 짠하게도 운다. 아이를 낳고 엄청나게 살이 찐 언니가 어깨를 들썩이며 운다. 통통 부운 손으로 연신 부운 눈을 비비며. 어릴 적 언니는 앙상하게 마르고 키만 크고 자주 아팠었는데. 너무 손목이 가늘어서 술래잡기하다 혼자 넘어졌는데도 손목에 금이 가 깁스를 했는데. 술래였던 난 뭘 잘못했는지도 모른 채 언니를 다치게 됐다며 눈물이 쏙 빠지게 혼났었네. 언니는 그런 것 하나도 모르겠지?

어쩌면 부모님도, 언니도 한 명 이상의 아이를 키우며 첫째에게 힘을 실어 줄 수밖에 없었겠지. 둘째가 첫째를 이기는 순간 아이들의 다툼은 말할 수 없을 정도로 늘어 날 테니까. 어쩌면 아이들 사이 위계질서는 맞벌이 부모의 최소한의 울타리이자 사회의 질서였을까.

언니의 눈물에 휘둘리지 않고 나는 말한다.

"둘째는 절로 큰다, 둘째여서 신경 안 쓰인다는 말은 엄마들의 속 편한 소리야. 둘째도 인생이 처음이거든. 근데 태어날 때부터 눈치를 안 볼래야 안 볼 수 없는 상황에 태어나버린 거거든. 눈치가 빠른 것도 둘째라서 그래. 식탐이 많은 것도 둘째라서 그런가. 쉽게 서운함을 느끼는 꽁한 구석이 있는 것도 둘째라서 그런 거 같아. 둘째는 어쩔 수 없이 이리저리 치여 가며 눈칫밥이 늘어 살아가는 방법을 일찍 터득해. 그러니 보통 생활력이 강하단 소리를 듣잖아. 세상에 모든 눌째가 그런 건 아니겠지만 많은 둘째가 그런 소리를 들을걸? 원래 악바리도 아니고 혼자 알아서 잘하는 편도 아니지만, 자기 몫을 스스로 챙기지 않으면 누가 대신 해주지 않으니 절로 그리되는 거라고. 언니 힘든 것 아는데 둘째 힘든 것도 좀 알라고."

난 왠지 이 세상 둘째들에게 늘 눈이 간다. 짠하다. 그냥 코끝만 짠한 게 아니라 눈알 끝까지, 심장 마지막까지 짠하다. 관계에서 소외받는 사람들. 사랑, 관심이 미치지 못하는 사람, 주목받지 못하는 사람, 양껏 사랑을 못 받는 존재, 주인공 자리와는 거리가 먼 어딘가 서러운 구석이 있는 그들이 나 같고 그래서.

그런데 요즘은 이런 인물들이 주인공인 드라마가 더 많다. 그럼에도 불구하고 씩씩하고, 자기 인생을 즐겁게 살아가며, 구박 덩어리더라도 꿋꿋하게. 결핍에서 주워진 선물 같은 것. 그때는 모르지만 결국은 인생의 진주 같은 보물이 되어 주는 것. 나는 그런 메시지가 담긴 영화가 내 이야기 같아서, 첫째에게 치이고 치였던 둘째들을 위한 보상 같아서 좋다.

난 그들을 편애하는 사이로 지낸다. 그래서 오늘도 언니 집에 쳐들어가서 기고만장한 형 때문에 괜히 서러운 둘째 조카에게 무한의 애정을 쏟고, 더 큰 선물을 준비한다. 첫째 조카 몰래, 내 딸 몰래 한 번 더 안아주고 궁디도 통통 쳐주고 다정한 칭찬의 말도 두 번, 세 번 티 너무 나지 않게 덧붙인다. 둘째 조카는 제법 자라 형 눈치만 보느라 자기 마음을 숨기는 수도 줄었고, 엄마의 부당한 대우에 눈 흘기며 이건 아니지요, 라고 말할 줄 아는 여섯 살이 되었다. 나는 그런 둘째 조카가 장하다. 어릴 때 나처럼 장하다. 치열하게 살아남고, 골똘히 더 존재를 부각하는 법을 터득해라! 그게 너의 장점이 될 것이다. 서러워하지 말고 마음껏 뽐내라! 둘째만이 가질 수 있는 애잔함을 방패삼아, 생존력을 창으로 삼아, 우리 오늘도 씩씩하게 살아가자. 내일은 더 찬란한 너의 하루가 될 터이니.

맛있는 음식 좋아하세요?
저는 간편한 음식 좋아합니다만

 정시 퇴근을 위해 신경을 바짝 모으고 있는데 카톡이 온다. 처음 몇 번은 못 듣고, 이후로는 못 본 척 해보지만 자꾸 울린다. 집중력이 흐트러져서 맥이 풀린다. 언니다. 오늘 퇴근하고 자기 집으로 와 밥을 먹으라고. 나와 딸의 몫까지 요리했다며. 매운 것을 못 먹는 내 딸이 좋아하는 반찬을 따로 해 놓았으니 혹시 늦게 마치면 우리 집으로 가져다주겠다고. 나는 긴 카톡을 확인하고 중얼거린다. '그깟 한 끼.' 그깟 밥 한 끼 뭘 먹으면 어떻다고 이렇게 매번 언니는 안달인 걸까, 엄마를 꼭 닮았다.
 엄마도 아침부터 저녁까지 밥 한 끼가 진리인 것처럼, 우리의 생명 줄인 것처럼 정말 최선을 다했다. 밥하느라 매번 지쳤으면서도 대충을 몰랐다. 어쩜 이렇게 바쁜 일상 속에서도, 배달 음식과 간편식이 넘치는 세상 속에서도 엄마와 언니는 알뜰살뜰 음식을 해먹는지, 그런 애정과 열정과 체력은 어디서 나오는지 나는 모른다. 나 역시 언니처럼 엄마가 진심으로 열심히 만든 밥과 반찬, 간식을 먹고 살았으나 언니와 다르게 정성스런 집밥은 흉내도 내지 못하는, 차릴 생각만으로도 지쳐버리는 어른이 되었다.

주말에는 시부모님께 가기로 했다. 행사도 아닌데 오라고 하신 데는 다 이유가 있을 것이다. 어머님만이 해주실 수 있는 반찬, 나와 남편, 딸이 좋아하는 음식을 잔뜩 해놓고 기다리고 계실 것이다. 그만큼 시어머니도 음식에 진심이다. 직접 음식을 만들어 가족을 챙기는 것이 가정주부인 어머님 삶의 절대적인 가치이므로. 나는 어머님의 노고를 알기에 그 반찬이 귀하고 소중하다는 걸 깊이 이해한다. 재료 손질부터 조리법까지 얼마나 손이 많이 가고 마음을 써야 하는지도 안다. 싸주는 것으로 끝이 아니다. 잘 챙겨 먹었나, 먹고 탈은 안 났나, 뭐 이런저런 잡다한 것들까지 끝까지 마음을 쓰게 되는 것이 남의 반찬 챙겨주는 일이다. 그래서 귀한 만큼 부담스럽기도 하다.

"일하느라 바쁠 테니 아이와 남편 밥 잘 챙기기 힘들지? 그래도 사먹지 말고 자주 들러 음식 가져가."라는 반듯하고 당연한 말이 자꾸만 가족을 잘 챙기지 못하는 나를 탓하는 것처럼 삐딱하게 들린다.

시댁에서 받아온 대파김치, 오이김치, 머위나물, 고구마줄기 따위를 소분한 반찬통을 냉장고에 넣을 때 나는 종종 붉은 눈이 된다. 시댁에 갈 때마다 어머니는 내가 무엇을 잘 먹는지 유심히 보시다가 내 젓가락이 자주 가는 반찬, 남편이나 아이는 잘 먹지 않아 내가 따로 만들지 않을 반찬들을 해주신다. 남편과 아이뿐만 아니라 나도 잘 먹고 다니라는 어머님의 진심에 나도 모르게 조금 운다. 누군가 나의 끼니를 이토록 마음 써주는 사람이 있다는 것, 그것만으로도 행복해지고 황송해져서.

그런 날은 퇴근 뒤 힘을 내서 나름 정성껏 저녁을 준비한다. 하지만 밥을 기다리던 부녀는 기대만큼의 맛이 아니었던지, 입이 짧아 그런지 거의 그대로 음식을 남긴다. 그들의 허기를 채우는 것은 어머니와 내 정성이 아닌 인스턴트 간식이다. 모두가 식사를 마치고 물러난 자리, 그대로 남은 음식과 산더미같이 쌓인 설거지. 내 노력의 공이 없다. 부질없는 노력이었던가. 여러 날 남겨진 음식들을 치우며 나는 생각했다. 너무 피곤한데 아이를 위해, 남편을 위해 아등바등 밥하는 것, 이제 그만하고 싶다. 누구도 기꺼워하지 않는 밥 따위 그만하고 싶다. 그냥 그 시간에 좀 쉬고, 웃고, 눕고 싶다. 퇴근히자마자 부랴부랴 밥하고 반찬 하는 동안 놀아달라는 아이에게 TV를 틀어주는 일도 그만. 배고픈 아이가 밥하는 사이를 기다리지 못하고 과자를 찾아 먹거나 혼자 놀다 잠이 드는 것도 그만. 그만. 그만.

내 퇴근 시간에 맞춰 하원한 아이가 집으로 돌아오는 차 안에서 잠들어 아침까지 그대로 자버리는 일이 잦아지던 해. 나는 결단 했다. 주말에는 아이를 위한 요리를 하고, 평일에 몇 번은 아이가 원하는 메뉴로 같이 외식하고 들어가기로. 더는 집밥과 건강한 밥에 대한 집착을 그만하기로. 하루에 아이와 함께할 수 있는 단 몇 시간, 조금 더 가깝게, 눈 마주침을 자주하며 보내기로. 그리하여 아이와 나만의 시간을 길게, 길게 늘여서 내 마음과 아이의 마음에 다정함을 새기도록.

퇴근 후 아이의 손을 잡고 회사 앞 돈가스집으로 가서 저녁을 먹었다. 다 먹고 나왔어도 겨우 저녁 7시 밖에 안됐다. 퇴근길 막히는 도로에서 보내야 하는 시간과 밥하는 시간을 아꼈더니 여유가 생겼다. 어린이집 놀이터로 가서 철봉 매달리기 연습을 했다. 아이는 친구들과 함께 있을 땐 실패할까 봐 시도조차 못 했던 것을 내 앞에선 주저 없이 해보면서 그 순간을 즐겼다.

어떤 날은 회사 앞 공원에서 소풍 나온 사람들처럼 도시락을 사 먹고 밤 산책을 하며 제철의 꽃을 아이와 마음껏 즐겼다. 식당 밥이 나오길 기다리는 시간에 가방에 넣고 다니는 수첩과 볼펜을 꺼내 딸과 그림을 그렸다. 그날 있었던 일들을 이야기하며 남편에게 줄 편지도 같이 썼다. 아이는 엄마와 단둘이 보내는 이 시간이 밤 소풍 나온 거 같다며 행복해했다. 그렇게 아이는 좋아하는 음식과 놀이로 만족감을 채우고, 나는 나대로 부엌 노동의 해방감을 얻었다.

"엄마, 나는 돈가스랑 핫도그가 제일 좋아. 엄마랑 음식 기다리면서 이야기하는 시간도 너무 좋아. 엄마는 어떤 음식이 좋아?"

"돈가스도 좋고, 핫도그도 좋지. 뭐든 너랑 같이 먹는 음식이 제일 좋아."

아이는 쌜죽 웃으며 두 발을 동동 굴렀다. 바닥에 닿지 않은 두 발이 허공을 획획 가로질렀다.

우리는 얼굴을 마주한 채 피로를 상쇄하는 대화를 하며 밥을 먹는 사이 한산해진 도로를 달려 집으로 돌아온다. 서두를 것 없이 느긋하게 씻고 누워 잘 준비를 할 때면 누군가 해주는 밥을 사 먹는 것만으로도 나는 충분한 배려를 받았다 느낀다.

아이와 좋아하는 것을 서로 나누는 마음에 행복해하다가도 이따금 마음 한편의 죄책감을 완전히 지우지는 못해 얼굴에 그늘이 진다. 일하는 엄마들은 두 마리 토끼를 한 번에 잡긴 어려운 현실에 쉽게 자괴감에 빠지고 자주 불안해한다. 하지만 애초에 난 어느 한쪽에서도 완벽할 수 없는 사람인걸. 완벽하지 않아도 된다. 아이와 나의 관계에서 버리고 비워지는 것들이 있어 채워지는 것들이 생긴다. 나에게 있어 우선순위는 아이와 함께 하는 시간의 질을 높이는 것이다. 지친 몸이 마음까지 지치지 않도록, 서로를 위한다는 이유로 등 돌리고 있던 시간을 온전히 마주하는 데 쓴다. 아이와 밀도 있는 시간을 가질수록 내 마음도 채워진다. 우리 모두 너무 애쓰지 않아도 이 정도면 충분히 괜찮다.

야밤에 산을 올라

김창경

 속이 더부룩하다. 점심을 먹고 한 번도 자리에서 일어나지 않고 앉아 있다. 예전보다 먹는 양을 줄여도 소화가 잘되지 않는다. 방금까지도 오늘은 퇴근 후 아이를 재우고 나서 꼭 운동해야지 생각했는데, 지금은 그냥 빨리 퇴근해서 눕고만 싶다.
"등산 가실래요? 요즘 꽃이 너무 예쁘거든요."
"등산을 언제 가니. 경기도에서 웬만한 산을 찾아 이동하는데 한두 시간, 오르는 데 두어 시간, 집에 오는데 또 한두 시간? 하루를 통째로 날리는 거잖아. 운동할 시간이 없다."
"어머! 지금 주무관님한테 필요한 건 자기만의 시간이라구요. 활력이 없다니까요! 그러다 큰일 나요. 게다가 요즘 날씨가 얼마나 좋은데요. 이대로 흘려보내긴 너무 아쉽다구요."
 후배 직원은 말 한마디, 한마디에 생기가 돈다. 나를 정확하게 봤다. 벚꽃 흐드러지게 폈을 때, 아이와 함께 사진 찍고 싶었는데, 주말이 오기 전 주중에 비가 내린다니 올해도 글렀다 생각했다. 이대로 벚꽃을 놓치는 게 아쉬워 점심시간에 혼자서 회사 앞 공원을 걸었는데. 아쉬움을 후배에게 들킨 것 같아 화들짝 놀랐다.

"아이와 같이 출퇴근을 하니까 운동할 시간을 따로 내기 힘들어. 체력도 너무 떨어져서 짜증도 자주 나고, 집중력도 예전만 못한 것 같아."

"그럼, 우리 야간 등산 가요. 하루 정도는 사부님께서 아이 하원 시켜줄 수 있지 않아요? 평일 밤이라 시간도 절약되고, 밤에 등산하는 사람들이 생각보다 많아서 무섭지 않아요. 무엇보다 야경이 정말 예쁘거든요."

평일에 일 마치고 야간등산이라니 생각만 해도 벌써 힘들다.

"나 라섹 수술 후에 야맹증이 생겨 밤에 잘 안 보여."

"궁색한 변명인 거 아시죠?"

그리하여 봄의 색이 만연한 4월의 평일 저녁, 직장 동료 몇 명과 생애 첫 야간 등산을 갔다. 역시나 퇴근하니 만사 귀찮고, 그저 집에 가서 밥 먹고 얼른 자고 싶은 마음뿐이었는데, 함께 나서니 또 뒤처지긴 싫어 합을 맞춰 걷게 됐다. 타인에게 피해 주는 것을 무엇보다 싫어하는 성격이라 숨이 차서 그만하고 싶은데도 내색을 할 수 없었다.

"못 따라간다는 걱정은 왜 한 거예요? 평소 운동 따로 안 하는데도 기초체력이 나쁘진 않나 봐요. 엄청나게 힘들어하실 줄 알았는데. 자 이제 진짜 다 왔어요. 마지막 이 계단은 저도 올 때마다 힘들어요. 하지만 힙 업 된다는 생각으로 마지막 힘을 내요! 여기만 지나면 야경이 진짜 예쁜 곳이 나오거든요. 거기서 단독사진 멋지게 찍어 줄게요. 주사님 핸드폰 배경화면이나 카톡 프로필이 다 아이 사진뿐이잖아요."

힘들어 말이 없어진 지 한참인 내 옆에서 그녀 또한 가쁜 숨을 몰아쉬며 응원해준다. 땀범벅에 산발인 머리가 헬멧처럼 얼굴에 쫙 달라붙는다. 거슬린다. 땀에 젖은 옷과 머리카락, 눈으로 떨어지는 땀방울, 땀이 고인 인중까지 모두. 어쩔 수 없이 정진하고 목표가 있으니 달려가는 생활이 산 위에서도 이어지는 것 같다. 다 같이 가야 하니까 풀린 다리에 겨우겨우 힘을 싣고, 허벅지에 손을 올려 헉헉대며.

"그래서 저 가파른 계단을 올라가면 뭐가 있는 건데? 왜 이렇게 땀범벅이 되어 힘을 쓰면서 저기에 올라가는 건데? 이제 돌아가서 뭐라도 좀 먹고 눕고 싶어."

"여기까지 왔는데 진짜 그만 해요? 그래도 되는데 그걸 진짜 바라시는 거예요?"

그녀는 내가 응석 부린다는 걸 안다. 역시 땀범벅인 그녀가 가파른 계단의 시작을 앞에 두고 잠시 서더니 비장하게 말한다.

"저기엔 제가 좋아하는 것이 있어요. 오래 마음에 머무는 것, 제가 힘들 때마다 꺼내두는 풍경요. 저는 올라갈 거예요."

끊임없이 좋아하는 것을 찾아가며 놓치지 않는 그녀다. 이 친구는 언제 이렇게 단단하게 다져진 거지? 처음 신규직원으로 들어온 그녀를 떠올린다. 그녀는 참 밝고 재미있었다. 반짝반짝

싱그러움이 묻어났다. 하지만 직장생활의 처음은 누구에게도 친절하지 않은 법. 처음 하는 일의 서툼과 실수, 함부로 붙어버리는 평가의 딱지들로 그녀 역시 훌쩍이며 빛을 잃은 날도 있었다. '이젠 일까지 잘하는 데다 리더십도 생겼네.' 마냥 어리게만 생각했던 후배 직원을 기특하다, 장하다 마음속으로 칭찬하며 정신 차려 보니 나는 그녀 뒤를 따라가고 있었다.

처음엔 이런저런 생각을 하며 걷다가, 점차 상념도 사라진다. 헉헉거리는 나의 숨소리만 귓가에 머문다. 어둠에 내딛는 걸음에 집중한다. 오늘도 다 끝마치지 못한 일들에 대한 미련과 부담도 흩어진다. 내 턱까지 차오른 숨소리가 생각을 몰아내고 만다.

양다리의 반복적 디딤으로 우리는 결국 산 정상에 도착한다. 정상에서 내려다 본 도시의 야경은 눈부시게 빛난다. 어둠 속에서 반짝이는 불빛들이 이렇게 말하는 듯하다. '저 속에 있을 때 몰랐지? 너는 저렇게 반짝이는 불빛 속에서 열심히 살고 있었던 거야. 힘들다고만 생각했지? 멀리서 보니까 너무 아름답잖아. 언젠가 한 발 떨어져서 뒤돌아보면 오늘의 힘듦도 멋있다고, 아름다웠다고 생각하게 될 거야. 한 발자국 떨어져서 볼 여유를 가져봐. 호흡하면서 살아.'

나는 땀인지 눈물인지 모를 물기들을 손등으로 훔친다. 훔치고 또 훔치며 씨익 웃는다. 그 모습을 후배는 사진으로 찍어 나에게 보낸다. 아이 없이 나만의 시간을 보낸 일탈의 시간을.

후배의 말대로 그날의 야간 등산은 온갖 상념으로 가슴이 답답하게 죄어올 때 꺼내 보는 히든카드가 되었다. 나는 그날 이후로 좀 달라졌다. 회식 이야기가 나올 때면, 회식 대신 야간 등산을 가자고 의견을 내서 함께 산을 올랐다. 나보다 체력이 더 떨어지는 직원들은 처음엔 밑에서 먼저 한잔하며 기다리겠다고 몸을 사렸다. 우리는 처음엔 무조건 정상에 오르고, 그 뒤로는 선택이라며 기합을 넣었다. 할 수 없이 떠밀리듯 작은 산을 타고 내려온 그들은 등산 이후 마시는 술 한 잔이 좋았다며 다음 야간 등산을 기약했다.

 남편도 아이도 평일의 피로를 늦잠으로 푸는 주말 아침, 나는 조용히 일어난다. 기척 없이. 그리고 미지근한 물 한 잔을 마시고 조용히 운동화를 신는다. 새벽 공기를 가르며 걷는다. 기상 알람이 울리기도 전에 눈을 뜨고도 몸을 일으키지 않고 가만히 누워 핸드폰으로 나와 상관없는 인터넷 세상을 검색하곤 했던 시간을 이젠 걷는 데 쓴다.

 혼자 시작한 새벽 운동에 곧 동지도 생겼다. 같은 동네에 사는 직장 언니들이 합류했다. 만날 시간을 정해두었기에 혼자서는 나서지 않았을 궂은 날씨에도, 컨디션이 좋지 않아도 일단 나갔다. 약속을 지키기 위해 나간 새벽 동네 뒷산 오르기는 그냥 운동만이 아닌 것이 되었다. 걷기는 우리가 가슴 깊이 가지고 있던 삶의 문제들을 잠시 벗어나게 했다. 마음속에 묵혀둔 말들을 꺼내고, 서로의 이야기를 열린 마음으로 듣고 공감하게 했다. 서로 각자 보낸 일주일 치 이야기를 나누고 돌아와 가족의 아침밥을 챙겼다.

개발제한구역이 해제되면서 만들어진 신도시라 아파트 주위로 산과 들, 하천이 있다. 걷기 좋은 동네에 살고 있다는 걸 이사 온 지 2년 만에야 알았다. 나는 그동안 출근하고 퇴근하기 위해 살아온 사람이었구나, 새삼 돌아보게 됐다. 항상 아이가 깨서 나를 먼저 찾을 텐데, 내가 없으면 안 될 텐데 걱정하느라 미리 나만의 시간을 포기했던 삶도 돌아보았다. 일어나 엄마를 찾는 아이를 달래며, 대체 어디냐고 남편이 전화를 해오면 마음이 불편하기도 했다. 그러나 아이는 내 걱정만큼 울지 않았다. 엄마가 없어도 다시 잠이 들 수 있고, 아빠가 아이의 아침을 챙기고 놀아줄 수 있다는 것도 알게 되었다. 진작 알았어야 했던 것을 우리 모두 너무 늦게 알았다.

아직도 잠에서 깨면 엄마를 찾는 아이에게 남편은 이렇게 말한다.

"너희 엄마 살려고 나가는 거야. 저거라도 하게 놔두자."

그렇다. 일주일에 한 번 정도라도 걷지 않으면 나는 내가 어디를 향해가는지도 모르고 살 것이다. 숨을 쉬는지도, 살아 있는지도 느끼지 못하면서 기계적으로, 산적한 일들을 야금야금 처리해가며.

집착과 결별

김창경

  내게 버리지 못한 옷들은 과거에 대한 집착이다. 비우지 못한 찰나의 순간, 순식간에 지나가 버린 영광에 대한 집착. 그런 면에서 나는 마음도, 옷도, 어느 것 하나도 정리하지 못하고 있다. 그냥 옷이 아니었다. 그날의 기분, 잊지 못할 즐거움, 공기와 습도까지 몽땅 서려 있는 집합체였다. 버리면 두고두고 후회할, 다시는 돌아갈 수 없는 순간들이 낡고 유행 지난 옷들에 서려 있었다. 그 옷들을 버린다면 나는 그 모든 순간을 잃게 될 것 같았다. 멀쩡한 옷을 버린다는 것이 그 시절의 나를 뚝 떼어 버리는 것 같아 어쩐지 내키지 않았다. 버리려고 꺼내 놓았다가도 어느새 다시 들고 들어와 차곡차곡 개어 또 구석 어딘가에 쌓아 놓았다.

  옷장에 뭐가 있는지 모를 정도로 옷이 그득그득 차 있는데도 여전히 아침마다 입을 옷은 없다. 계절이 바뀔 때마다 옷상자를 다 꺼내지도 않고 뭐가 어디 있는지도 모른 채 또 비슷비슷한 옷을 사고 있다. 일상을 도돌이표처럼 헤매며 사는 내 일상처럼, 내 옷들의 세상도 그러하다는 생각이 든다.

  그러다 도무지 참지 못할 정도가 되었다. 끝내 마무리 짓지 못한 일들을 남겨놓고 퇴근해서 머릿속이 어지러운데, 옷장을 열면 빼곡히 쌓여 쏟아질 듯 나를 내려다보는 옷들 때문에 더 심란해졌다. 내가 버리지 못하고 있는 한때 소중하고 아름다웠던 것들이 이제는 어느 하나 나에게 다정한 위로를 건네지 못했다.

더는 참을 수 없이 생활이 복잡하고 정리되지 않는 느낌이 들었을 때, 언니에게 도움을 청했다. 언니랑 옷을 정리하며 나는 과거의 영광을 읊기 시작했다.

"언니, 나 이 옷 입었을 때 선배들이랑 친구들이 다 예쁘다고 했는데."

"세상에. 이 옷, 대학교 때 옷 아니야? 너 면접 보러 간다고 산 옷?"

"맞아. 언니가 받은 월급으로 사준 정장. 영등포 백화점에서 세일할 때 샀었어. 사이즈가 작아서인지 폭탄 세일이었지!"

"미쳤어. 너 나이가 몇인데 22살 때 옷을 아직도 간직하고 있어? 소름이다. 버려! 제발 보내주자."

언니는 경악을 감추지 못했다. 내가 아련한 눈빛으로 미련을 숨기지 못하면 옆에서 언니는 독설을 날렸다. 그날 기증하거나 분리수거함으로 보낸 것이 몇 보따리였다. 언니가 집으로 가고 난 뒤, 나는 아이를 재우고 아직 정리하지 못한 옷장을 열어 가장 미련이 남는 옷들을 비닐봉지에 담았다.

커다란 세 봉지 중 하나는 결국 끝끝내 버리지 못하고 친정에 가져다 놓았다. '한두 달에 한 번은 친정에 가는데, 그때 입자. 마당에서 바비큐 할 때 불똥이 튀기도 하니 그럴 때 꺼내 입지 뭐.' 라는 안일한 생각으로, 끝끝내 미련을 버리지 못하고. 그래놓고 나는 친정에 갈 일이 별로 없었고, 세세한 오늘의 할 일과 기억할 것들에 치여 그 옷 봉지는 까맣게 잊어버렸다. 그러다 어버이날을 앞두고 엄마 봄옷 한번 사줄까 싶어 오랜만에 전화했다.

"엄마, 옷 좀 사줄까? 화사한 봄옷으로. 옷 안 산 지 오래됐잖아."

"아니, 나는 옷 많아. 저번에 네가 두고 간 옷 요즘 잘 꺼내 입어. 엄마가 아직 딸들이 입던 옷이 다 맞네. 엄마 요즘 시간 없어 운동도 통 못했는데 대단하지?"

전화기 너머 소녀처럼 꺄르르 웃으며 말하는 엄마의 목소리에 아찔해졌다. 역시나 그러지 말았어야 했는데 하는 후회가 들었다. 젊고 예쁘고 행운이 가득했던 날들에 입었던, 그러니까 내가 2~30대에 입었던 옷을 일흔을 앞둔 엄마가 입다니! 물론 그 옷이 엄마에게 작지 않다는 것은 정말 놀라운 일이지만, 그렇다고 그걸 밖에 입고 다닐 수는 없을 터인데, 나는 세상 큰 불효를 했다. 괜히 마음이 찔려서 쌓아둔 옷들 좀 버리라고 오히려 엄마에게 잔소리했다. 내가 갖다 놓았으면서.

나에게 할 말들을 엄마에게 쏟아부은 뒤, 더는 미루지 말자고 다짐하며 그동안 아까워 버리지 못했던 물건들이 남긴 의미를 생각했다. 과거의 영광, 지나간 젊음, 들인 돈이 아깝다는 심보, 언젠간 꼭 필요한 순간이 오리란 미련, 그리고 그 어떤 것도 잘 버리지 못하는 태도에 대해서도. 앞으로 갖고 싶은 물건이 생겼을 때 더 많은 고민과 기다림의 시간을 가지기로 다짐하면서.

새로운 게 나오면 누구보다 먼저 사서 가져야 하는 얼리어댑터와 없는 게 없는 맥시멀리스트로 살던 시기가 있었다. 나 역시 시대적 흐름에 부응하기 위해, 뒤처지지 않으려 부지런히 사다 모았었다. 언제부터 미니멀 라이프가 선망의 대상이 된 걸까? 부족함으로 인한 불편보다, 넘침으로 인한 불편이 더 커져서일까? 예전엔 쉬이 지나쳐버렸던 환경에 대한 생각이 깊어져서? 물건들을 정리하면 마음까지 절로 비우게 된다는데, 넘쳐흐르는 주변 탓인지 내 속은 시끄럽기만 하다. 관계에 있어서 정리의 시기를 놓쳐 질척거리는 것만큼 미련하고 초라해 보이는 것도 없다. 마찬가지로 물질적인 관계에서도 보내줘야 할 시기를 놓친 나는 더없이 미련스럽다. 더이상 질척거리지 말자.

환대의 나날들

김창경

"왜 공대를 간 거예요? 거기다 토목이라니, 학교 다닐 때 여자 별로 없지 않았어요?"

"글쎄요. 어쩌다 보니."

나는 딱히 적성이란 걸 깊게 생각해보지 않았다. 그저 수능 점수에 맞춰 전공을 선택했다. 나뿐만이 아니라 대부분의 사람들이 그렇게 했다. 적어도 나와 내 친구들은 다들 그랬다. 수능 점수로 갈 수 있는 가장 괜찮은 대학과 취업하기 좋은 과를 선택했다. 나의 경우, 적당히 점수에 맞추어 넣었던 학교 중 유아교육학과와 토목공학과 중 하나를 선택해야 했다. 교사였던 부모님은 그래도 사범대가 낫지 않겠냐며 유아교육학과를 권하셨다. 취업용 이력을 쌓기 위해 피 마르는 노력을 하지 않아도 된다는 것과 어른이 되어서도 방학을 가질 수 있다는 것이 얼마나 큰 장점인지 몰랐던 것은 아니지만, 그래도 유아교육학과는 아니었다. 나는 아이를 별로 좋아하지 않았다.

사람과의 관계가 서툰 편이라 친해지기까지 많은 시간과 노력이 필요했는데, 어린 아이들은 어른들보다 훨씬 대하기 어려웠다. 당시 나는 겁이 났던 것 같다. 아이들이 만나는 어른의 모습이 조금은 완벽하고 좋은 사람이길 바라는데, 나는 그런 사람이 될 수 없을 것만 같은 불안감.

나의 불안감은 유치원 때 선생님 한 분으로부터 기인했다. 유난히 적대적인 눈빛과 말투로 6살 무렵의 나를 달가워하지 않았던 그는 오래도록 이해할 수 없었던 어른 중 한 명으로 남아있다. 아이들은 본능적으로 안다. 나를 싫어하는 사람을, 그리고 그 이유를 자기 자신에게서 찾는다. 그 선생님은 웃다가도 나만 보면 눈을 흘기고, 간식을 주기 싫어하고 매섭게 대했다.

나도 무의식 중에 그런 상흔을 아이들에게 주는 선생님이 될까 봐 겁이 났다. 어떻게 대해야 그들에게 무해한 어른이 될 수 있을지 모르는데, 나는 너무나 감정 표현이 서툴고 어려운 사람인데 어떻게 선생님이 될 수 있을까. 그것도 아이들의 인생 최초의 선생님이라니. 차라리 토목공학과에 가서 사람들과 막말도 좀 하고, 어른들을 상대하며 세속적으로 구는 것이 더 편할 것 같았다.

우리 삼남매가 아주 어렸을 때, 아빠는 이런 말을 했다. 교사의 자녀들은 천재 아니면 바보라는데, 아무래도 우린 후자에 가까운거 같다고. 그 말에 언니와 나와 동생은 천재를 체념했다. 지역에서 실력있는 선생님, 진학 지도를 잘하는 선생님으로 유명했던 아빠는 정작 만족스럽지 못한 성적의 우리가 못마땅했던 것 같다. 주변에서도 아빠가 직장에서 내는 성과를 치켜세우면서 자식들도 좀 신경 좀 쓰지 그러냐며 시기어린 비아냥으로 이어진 날들이 있어서일까? 그런 말들을 하는 사람들은 어렸던 우리에게 바로 꽂아버리기도 했다.

"아빠나 엄마한테 공부 좀 가르쳐 달라고 하지. 왜 성적이 이것밖에 안 되니?"

어른들은 우리 앞에서도 우리가 없는 사람인 것처럼, 그 말의 의미를 헤아리지 못하는 지력과 마음을 가진 존재인 것처럼 대놓고 말했다. 상위권 성적을 유지했음에도 최상위권이 아니라는 이유로 번번이 교무실에서 못남을 지적당했다.

그러거나 말거나 나는 학창시절 공부에 크게 관심이 없었다. 어차피 선생님들이 인정하는 등수에 들기는 너무 어려운 일이었다. 대신, 나에게도 애매하게나마 작은 재능이 있었다. 그림. 별 노력 없이 그렸을 뿐인데 학교에서 상을 휩쓸었고 인정도 받았다.

그러나 그 재능은 지극히 현실적인 안목과, 학교생활에 빤한 부모님에게는 대단할 것 없는 것이었다. 그 정도로 하는 애들은 많고 많으니까, 더 노력하지 않으면 안 된다는 마음을 안타깝게도 부모님은 숨기지 못했다. 어쩌면 그래야지 우리가 더 분발할지도 모른다고, 자극받고 노력할지 모른다고 판단했는지도 모르겠다.

지역 미술대회 상장을 받아 온 날, 엄마 아빠가 집에 들어왔을 때 가장 잘 보이는 위치의 식탁에 올려놓고 칭찬받을 기대에 부풀었었다.

"동상 받았네. 내가 미술부에서 가르친 아이는 이번에도 금상이야. 걘 그림도 잘 그리는데 공부도 잘하니 분명 좋은 학교에 갈 거야."

그 말에 난 공부도 그렇지만 그림 실력 또한 잘 한다기에는 좀 애매하지 라고 생각했다. 수긍은 했지만 너무나 정확하고 바른 피드백에 감당할 수 없을 만큼 가슴이 쓰라렸다. 어느 해엔 기업이 주최하는 대회에 그림 공모를 했다. 참가한 아이들 거의 모두가 수상을 했다. 그래도 다른 애들은 동상이었는데 나는 금상이었다. 상을 받은 친구들이 많아서 나는 기뻤고, 그중에서 친구들보다 높은 상을 받아서 스스로가 자랑스러웠다. 그런데 부모님께서는 이렇게 말씀하셨다.

"금상 위에 대상이랑 뭐가 또 있네. 그리고 그림 돌려받으려면 액자값 얼마를 내라잖아. 이건 대회가 아니라 그냥 장사네. 액자장사."

듣고 보니 또 맞는 말이다. 상을 남발한 것도, 액자값을 내라는 것도 이상했다. 그럼에도 지극히 현실적이고 정확한 피드백은 여전히 가슴 아팠다. 학교 월례 조회 시간, 나를 빼고 상을 받은 다른 아이들이 단상 앞으로 나갔다. 친구들이 액자에 끼워진 자기 작품을 받아 제자리로 돌아올 때, 나는 왠지 고개를 들지 못했다. 마음이 아팠다. 번쩍거리는 액자에 넣은 그림 때문이 아니었다. 그저 그런 상이지만 부모님과 가장 잘 보이는 위치에 걸기로 했다는 자랑이 부러웠다. 나도 그런 무조건적인 칭찬을 원했다.

학교에서도 마찬가지였다. 교내 상을 받아도, 지역에서 주최하는 대회에서 상을 받아도 선생님들은 내게 말했다.

"여기서 이 정도 하는 것으로는 어림없어. 그림으로 성공하기가 얼마나 힘든데. 전국 대회에 나가서 수상 실적도 있어야 하고, 입시 준비하기 시작하면 서울로 학원도 다녀야 해."

상을 받고도 이 정도는 아무것도 아니라는 말을 먼저 들어야 했던 나는 격려란 가면을 쓴 홀대와 냉대의 시절을 보냈다. 아무리 노력해도 더이상 올라갈 수 없을 것 같은 박탈감을 느낀 어느 날 더는 그림을 그리지 않기로 마음먹었다. 그동안 들인 시간과 공이 아깝지 않으냐며 미술 선생님이 설득하러 집까지 오셨지만 나의 마음은 이미 희망의 불이 꺼진 상태였다. 그리고 영영 불이 들어오지 않았다.

그저 뭐라도 밥벌이할 정도로 하자는 마음으로 공부를 하고 시험을 봤다. 밥벌이할 정도로 공부를 하는 것도 쉽지만은 않았지만, 열렬히 갈망하고 인정받고 싶은 영역에서 쓴소리를 듣는 것보다는 나아서 그만큼 기대하지도 않았고, 좌절도 없었다. 내가 간절히 바란 것은 아니니, 원래 내가 하고 싶었던 것은 아니니, 이만큼 해냈으면 됐다는 자족감은 괴롭지만 편안한 위로가 되었다.

그랬던 내가 엄마가 되었다. 내 아이와 나이 비슷한 조카도 세 명이나 생겼다. 엄마가, 이모가, 어른이 꼭 완벽할 필요는 없다는 것을 깨닫는 데는 그리 오랜 시간이 걸리지 않았다. 다정하게 웃으며 바라보기만 해주어도 아이들은 순순히 자신의 모든 것을 드러내며 곁을 내주었다. 그럴수록 나는 그들 앞에 무해한 어른이 되고 싶었다.

업무가 많은 날은 어쩔 수 없이 아이를 데려와 야근할 때도 있다. 아이의 손을 잡고 눈치 보며 사무실에 들어서는 순간, 아직 미혼인 직원들이 일하다 말고 앞다퉈 아이에게 다가와 이름을 부르며 관심을 준다. 방금까지도 서로 일하기 바빠서 말 한마디 없던 삭막한 공간에 딸아이가 들어서자마자 환대의 장이 열린다. 그들도 해야 할 업무가 많은데, 흐름이 끊기면 시간이 더 걸리는데 기꺼이 아이를 반겨준다.

아이는 그런 관심이 좋으면서도 부끄러운지 내 뒤로 숨어 감사하다는 인사도 제대로 하지 못하고 입술을 씰룩인다. 나는 안다. 그 씰룩임에 참을 수 없는 행복한 미소가 깃들어 있다는 것을. 일하는 내 옆에서 혼자 색칠공부를 하던 아이가 에어컨이 꺼진 여름날의 사무실이 너무 덥다며 아이스크림을 사달라고 조른다. 얌전히 엄마를 기다리는 딸이 기특하고 가련해서 아이의 손을 잡고 아이스크림을 사러 나갔더니 딸은 이모들에게도 아이스크림을 나눠주고 싶다고 말하며 웃었다.

"엄마. 나 오늘 왕관도 안 쓰고 드레스도 입지 않았는데 이모들이 왜 나한테 공주님이라고 부르지? 자꾸만 예쁘다고 해서 너무 부끄러웠지만 행복했어. 그래서 아이스크림 선물하고 싶었어. 나 내일은 어린이집 안 가고 엄마랑 같이 출근해서 하루종일 같이 있고 싶다. 이렇게 친절하고 예쁜 언니들이랑 같이."

아이는 이모들의 환대에 행복해져서 그들을 어느새 언니라고 부르고 있었다. 아이는 사무실에서 받아 온 초콜릿이나 사탕 따위를 친구들에게 자랑할 거라며 어린이집 가방에 넣어 소중하게 안고는 잠들었다. 오늘 우리 딸은 어른들이 보낸 다정함으로 가슴에 빛을 채웠다. 살다가 힘든 일이 생겼을 때 이 빛을 꺼내 캄캄한 마음을 비출 것이다. 그리고 씩씩하게 살아갈 것이다.

이런 환대를 차곡차곡 모으고 살아서 그런가, 딸의 자존감은 높은 편이다. 엄마인 나와는 달라서 다행이다. 나는 남들에게 지기 싫어하고 자존심은 센 편인데, 이상하게 자존감은 높지 않다. 그 이유를 자꾸만 찾게 된다. 아마도 평가받는 삶을 오래 살아서 그런 것 같다.

나는 고집 세고 터무니없이 자기애가 넘치는 딸아이를 보고 있자면 그저 웃음이 나온다. 귀엽고 귀하다. 자신의 모습 그대로 사랑하는 그 순간이 그 나이에만 가질 수 있는 특권임을 알기에 부러 박수쳐 주고 예쁘다고 말해준다. 눈을 깜박깜빡 요상하게 뜨며 필 충만한 춤을 세상 기고만장한 표정으로 출 때면 웃겨서 눈물이 삐질삐질 나면서도 손바닥이 뜨거워지게 박수쳐 준다. 아이는 그 웃음이 어이없고 재밌어서 웃는 것이라는 걸 생각도 못 하고 엄마가 감동받았다고 생각하며 뿌듯한 표정을 숨김없이 드러낸다. 그럴 때면 나는 그 시절 어른들에게 묻고 싶어진다. 어차피 세상이 아이의 고집과 아집을 깨줄 건데 왜 그렇게 칭찬에 박하셨냐고.

이런 나에게 사람들은 종종 이렇게 말한다.

"너는 아이를 키우면서 애한테 너무 휘둘리고 있어. 아이를 이겨야지 벌써 져버려서는 어떡하니? 예쁘다는 말 너무 많이 하지 마라. 나중에 상처받는다."

아이가 잘못하면, 엄격해질 필요도 있고 현실적인 이야기를 해줄 때도 물론 필요하다. 하지만 부모가 아이를 꼭 이겨야 하는 건가. 어차피 세상에서는 지고 다닐 일 천지인데 엄마와 있을 때만이라도 충분히 이기게 해주면 안 되는 것인가. 지금 세상의 중심이 자기라고 생각하는 아이는 커가면서 자연스럽게 세상과 끊임없이 부딪히며 작아질 텐데, 너무 일찍 알려주고 싶진 않다.

어떤 존재든 아무리 어려도, 배우지 않아도, 충고나 비난받지 않아도 스스로 깨치고 나아가는 힘은 가지고 있다. 나는 세상으로부터 끊임없이 대단하지 않다는 메시지를 받으며 산 것이 마음이 아프다. 어린 나에게 그 정도 재주면 재미있게 살기 충분하다고, 좋아하는 그림을 그리고 상도 받았으니 얼마나 대단한 거냐고 칭찬해주고 싶다.

충분한 칭찬과 사랑을 받고 자란 아이는 별로 잘 난 것도 없는 내게도 세상 최고로 멋지고 대단하다고 말해준다. 나는 엄마가 되고서부터 비로소 환대의 나날 속에서 살고 있다.

"엄마가 오늘 사무실에서 실수를 좀 했거든. 오래 일했는데도 일을 잘 못 하는 거 같아 속상했어. 오늘은 엄마한테 이래저래 좀 힘든 날이네."

라고 말하면 아이는 자기는 더 많이 실수하는데 엄마가 항상 괜찮다고 말해주지 않느냐며 힘껏 날 안아주며 고사리 손으로 토닥토닥 두드린다. 그 작은 두드림이 내 안에 큰 북소리로 울린다. 무조건적인 편 들어주기에 객관적 사실 따위 날려버리고 나도 나를 안아준다. 하루에 한 번, 아이는 어린이집에서, 나는 직장에서 하루를 무사히 살아내고 어린이집 문 앞에서 만나는 오후 6시. 우리는 조우한다. 세상에서 가장 따뜻하고 찬란한 환대.

우리는 오늘도 서로 떨어져 지낸 시간 동안 힘들었던 것들을 오랫동안 나눈다. 대부분은 시간이 지나면 별일 아닌 것들이 될 얘기들을 하며 나도 아이도 서로에게 가장 큰 버팀목이 되려고 노력한다. 많은 순간, 나와 있는 순간. 사랑받았다고, 지지받고 보호받았다고 딸이 생각했으면 좋겠다. 가급적 오랫동안, 내 힘이 닿을 수 있는 한.

김창경

모두가 빛을 향해 갈 때

나의 시선은 그들이 늘어뜨린 그림자를 향한다.

김창경 ― 김선연 ― 배숙희

결국 나일 수는 없는 '거의' 나에게

기억나니? 우리가 고등학생 때 같은 백일장 대회에 참가했던 거. '반쪽'이라는 소재를 두고 우리는 서로를 떠올렸었지. 너는 너의 반쪽이 나라고, 나는 나의 반쪽이 너라고. 제목도 똑같이 '나의 반쪽'이었어. 너는 최우수상을 나는 우수상을 받았지. 그때 나는 당황했었어. 글짓기 대회에서라면 줄곧 1등만 했던 내가 1등이 아니라서. 그것도 글쓰기는 관심도 없던 내 동생에게 밀렸다는 것이. '얼마나 잘 썼나 보자'라는 미운 마음으로 교지에 실린 글을 읽었지. 나는 다시 당황하고 말았어. 나는 몰랐던 나를 향한 너의 마음이 적혀있어서. 짙푸른 심해 같은 너의 마음에 나는 울고 말았어.

나는 삼남매 중 첫째라는 이유로 가족들의 기대와 사랑을 처음부터 기본 값으로 깔고 자랐지. 내가 누렸던 것들은 너의 포기 덕분에 가능한 거였는데, 나는 당연히 가져야 할 내 몫으로 여겼어. 오히려 동생들이 생긴 바람에 내 것을 나눠야 한다고 생각하며 억울해 했어. 양보를 필요로 하는 일 앞에서 늘 욕심 부렸고, 결국 동생들이 양보를 했지. 그때의 상실감이란, 어린 막내 동생보다 나랑 14개월밖에 차이가 안 나는 너에게 더 크

김선연

게 와 닿았을 거야.

 나는 그 상실감을 헤아리지 못했어. 더 많이 가져야 했으니까. 내가 첫째니까. 나는 너보다 체력도 감정도 허약하고 우울한 사람이니까. 너는 명랑하고 빛나고 건강한 아이니까. 나는 너의 건강한 반짝임을 욕망하고 질투했어. 내가 더 많은 사랑과 지원을 받아야 한다고 믿었어.

 요즘 나는 너의 얼굴을 몰래 훔쳐봐. 알아차리지 못하게 네가 눈을 감는 찰나의 순간, 네 얼굴을 재빠르게 바라봐. 내가 가장 많이 봐온 얼굴. 잘 알고 있다고 생각했지만 나이 들어갈수록 잘 모르는 사람이 되어가는 네 얼굴. 오래오래 기억하고 싶은 네 얼굴.

 그러다 네 오른쪽 눈꺼풀 위에 있는 상처에 새삼 화들짝 놀라. 네 살의 너와 여섯 살의 내가 새겨져 있는 상처. 그때 우리는 하숙집을 하며 살림을 꾸려가던 할머니 집에서 살았지. 손님들은 주로 공사판에서 일하는 일꾼들이라 공사 자재를 아무렇게나 집 앞 골목에 쌓아두었고, 그것들을 갖고 놀다가 너와 내가 매달려 있던 어른 키만 한 둥그런 철사 더미가 쓰러졌지. 눈꺼풀이 찢어지면서 나온 피가 조그만 너의 얼굴을 타고 흘렀어. 철사 더미가 너를 덮친 건 나 때문이었어. 같이 매달려 있다가 내가 말도 없이 먼저 폴짝 뛰어내리는 바람에 무게중심이 무너졌지. 그날 너는 나 때문에 다쳤다고 말하지 않았어. "조심 좀 하지." 부모님의 나무람에도 너는 가만히 있었어.

 상처는 너의 무릎에도, 종아리에도 있어. 긴 바지를 주로 입는 네 다리에 숨겨진 흉터들을 나는 알고 있어. 내가 남긴 상처니까. 그중 하나는 초등학생일 때, 내 말을 안 듣는다고 연필로 너의 다리를 찔러서 생긴 거야. 연필심이 종아리 살에 박혀서 비명을 지르며 뒹구는 너에게 나는 사탕처럼 달콤한 말로 꼬드기며 부모님께는 비밀로 하자고 했어. 물론 너는 약속을 지키는 아이였지. 그때 부모님께 혼나고 벌 받더라도 널 데리고 병원에 가도록 했으면 좋았을 텐데. 그 연필심은 '아무리 숨겨도 네 잘못은 없어지지 않아'라고 내게 말하듯, 희미한 푸른 점으로 변한 채 네 다리에 그대로 박혀 있지.

 무단횡단 하던 나를 따라 달리다 트럭과 부딪힌 적도 있었지. 도로 건너에 있는 부모님께 가려고 무심히 도로를 가로지르던 여덟 살의 나는 동생들이 나를 따라 줄줄이 길을 건널 줄은 전혀 몰랐어. 나만 바라보던 넌 당연한 순리라는 듯 언니를 따라 길을 건넜지. 커다란 트럭이 굉장한 파열음을 내며 급정거했고 너는 쓰러졌어. 두개골에 금이 가서 대학 병원에 입원을 했는데도, 나는 널 걱정하기보다 네가 선물 받은 인형만 부러워했어. 그리고 퇴원해서 집에 온 너를 구슬려 결국 그 인형을 내 것으로 만들었지.

 나 때문에 네가 다쳐서 미안하다는 말은 절대 하지 않았어.

어쩌면 너는 나의 미안함을 절로 알 만큼 나를 좋아한다고 생각해서, 미안하다고 말하면 지는 기분이 들어서. 아니 나의 잘못을 마주할 자신이 없어서. 두 눈 질끈 감고 지금을 넘기면 된다고 생각하면서, 사과하고 용서받고 고쳐질 기회를 번번이 놓치며 살았어. 너는 나를 여전히 사랑하고 이해할 거라고 넘겨짚으면서.

두 아들을 키우면서 나는 어린 시절의 너와 나를 생각해. 가끔 동생인 너만 부모님께 혼날 때, 나는 묘한 감정이 일곤 했어. 일종의 안도감과 자신감이랄까. 부모님은 나를 더 많이 믿고 계시는구나. 그런 자신감으로 내가 잘못하고도 네가 엄마에게 이를 거라고 말하면 싸늘하게 웃으면서 말했지. "엄마가 네 말을 믿을 것 같아, 내 말을 믿을 것 같아?"

착각이고 오만이었다는 것을 엄마가 되어서야 알았어. 나는 첫째를 혼낼 때도 있지만 둘째를 더 많이 혼내. 나이 차가 얼마 안 나는 둘째가 첫째에게 도전장을 내던지는 순간 모든 싸움이 시작되니까. 지루하고 끝없는 시시콜콜한, 견딜 수 없는 소음들…. 나는 번다한 피로에서 벗어나고 싶어서 서열을 정하고 첫째에게 힘을 실어주지. 둘째는 분한 듯 씩씩거리다가, 반항도 하다가 결국은 포기해. 그러면 나는 비로소 두 형제의 싸움에서 잠시 해방되지. 아마 우리 부모님도 그러시지 않았을까? 첫째가 잘해서가 아니라, 잡다한 세상사에 지친 어른이 아이들의 시시콜콜하고 지루한 싸움만이라도 벗어나고 싶어서.

 그 시절 니는 나였어. 네가 곧 나라고 생각해서 너를 맘대로 통제하고 휘둘렀어. 뜻대로 되지 않으면 불같이 화를 내고 괴롭혔지. 나보다 단단한 네가 나였으면 좋겠다고 생각했어. 너는 결코 내가 아니란 걸, 그 당연한 걸 고등학교 때 네가 쓴 '나의 반쪽'을 읽으면서 알았어. 글 속에서 너는 '거의 나'였지만 '나'는 아니었어. 너는 너였어. 너는 친구들한테는 아무 말 못하고, 동생들에게나 큰소리치는 비겁한 나를 진작 알고 있었어. 수시로 잘못을 하고도 숨기고, 모범생인 척하는 것에 아주 능한 나의 비겁함을 알고도 허물을 덮어주었지. 안쓰러운 언니라서 챙겨주고 지켜주었지. 부모님이 준 최고의 선물이라고 생각하면서.

 너는 친구도 없이 등하교하는 언니를 반 앞까지 데려다주고 기다려주는 동생이었어. 고작 아홉 살의 마음에도 새 학기가 될 때마다 안절부절못하는 언니를 안쓰러워했어. 내가 친한 친구가 생기기 전까지 넌 너와 친해지려는 아이들을 물리고 나의 친구가 되어 주었지. 너와는 너무나 다른 언니를 끝없이 이해하려고 애썼어. 이해하려 애쓰다 도무지 그러지 못할 땐 그냥 받아들였어. 나란 별스럽고 모난 존재를. 그런 너의 수용 안에서 나는 착한 언니였다가 못된 언니였다가 하면서 나의 모순을 직시하며 자랐어. 네가 쓴 '나의 반쪽'은 개별적 존재의 탐색에 대한 글이었어. 현실에서 비루한 내가… 너의 글 속에서 반짝이고 있었어.

우린 남들이 보기에 유별나게 가까운 자매였는데 나는 존중을 몰랐지. 스스로를 다정하고 소중하게 돌볼 줄 몰라서, 동생에게도 그렇게밖에 대하지 못했던 것 같아. 나는 어른이 되고서야 스스로를 챙기는 법이 있다는 것을 알았어. 스스로를 사랑할 줄 알아야 진정한 사랑을 할 줄 안다는 메시지가 유행처럼 번졌을 때야 비로소 자기 돌봄의 메시지를 인지했어. '자존감'이란 단어로 나의 생을 되돌아보고 스스로 돌보는 노력을 기울이기 시작했어. 그 시기를 통과하면서부터 너와 나를 자주 되돌아보게 되었어. 나는 자존감이 낮아서 너에게 그런 잘못을 했던 게 아닐까 하고.

어린 시절 나의 잘못 중 가장 많은 부분은 너를 향해 있다는 것이 가끔 참을 수 없이 괴로워. 나의 다짐은 하나야. 너에게 잘해주어야지. 지난 잘못을 지울 수는 없어도, 상처를 없앨 수는 없어도, 더 좋았던 기억들을 많이 심어주어야지. 그래서 네가 나를 떠올렸을 때 미움보다 사랑을 더 깊이 느낄 수 있도록. 네가 나에게 건넨 믿음과 사랑이 헛되지 않았다는 생각이 들게. 너를 깊이 신뢰하는 사람이 있다는 것을 공기처럼 당연하게 받아들이게….

그래. 너는 유일무이한 존재야. 결코 나일 수 없는. 그럼에도 너는 '거의' 나야. 한평생 같은 시공간을 공유한, 같은 집안의 공기를 쐬며 다르게 자란. 시시콜콜 말하지 않아도 깊이 이해받는. 그저 옆에 있는 것만으로도 세상을 가진 것 같은 기분이 들게 해 주는 존재. 더 깊이 알고 싶고, 대신 아파하고 싶은, 그러나 완전히 이해할 수 없는 타인. 깊이 사랑해도, 결국 나일 수는 없는 '거의' 나.

김선연

통통한 몸뚱이, 내 보살핌의 방식

골프연습장에서 초등학교 은사님을 만났다. 30여 년 만이었지만, 선생님은 변함없는 모습이셨다. 오랜 세월이 흘렀음에도 단번에 알아볼 수 있을 만큼 여전히 쾌활하고 당당하고 시원시원. 반면 나는 그때와 많은 것들이 달라져 있었다. 앳된 소녀에서 성숙한 어른이 되었고, 당연하지만 키도 많이 컸다. 당시의 나는 수줍고, 눈물 많고, 허약한 아이였다. 특히 지금의 살찐 모습은 상상할 수 없을 만큼 말랐었다.

"평생 너는 살 안 찔 것 같았는데, 하도 빼빼 마르고 자주 아파서. 근데 이렇게 살이 찌네. 운동 열심히 해야한데이. 먹는 것도 좀 조절하고."

퍼티연습을 하던 사람들은 공에서 시선을 거두고 나를 훑었다. 어렸을 때 빼빼 말랐다던 몸을 상상하는 듯했다.

일과 육아를 하고 다양한 사람을 만나면서 부정적인 감정들이 수시로 찾아왔다. 불안, 욕망, 허무, 희망의 형태로 나를 괴롭혔다. 처리되지 않은 감정들의 뭉텅이가 곧잘 짜증으로 표출됐다. 강하지 못하고 허약한 마음이라 감정에 휘둘리는 내가 미웠다. 그럴수록 나의 몸과 마음은 허기졌다.

그럴 때면 음식이 주는 위로에 온전히 나를 맡겼다. 권태인지, 무력감인지 피곤인지, 모를 이상한 감정을 누고 질경질경 음식을 씹었다. 씹는 동안 감정들이 같이 씹히다 옅어졌다. 아이들이 너무 어려 내 생활 영역이 좁아졌을 때는 특히 더 음식에 몰두했다. 수유가 끝나고 나면 찾아오는 허기와 피로를 얼른 지우고 싶어서, 생산적인 활동을 하는 대신 뭔가를 먹었다. 깊고 고단한 노력을 기울일 새 없이 빠른 행복을 탐했다. 음식은 가장 친근하고 편안한 위로였다. 나에게 잘 맞는, 군더더기 없는 가장 완벽한 위로.

　돌이켜보면 아이를 키우면서 만은 아니었다. 직장에서 부당하거나 어처구니없는 업무를 맡았던 날, 거센 민원 앞에서 빨리 사건을 무마하라는 압박에 억지로 고개 숙여 사과해야 했던 날, 열심히 준비했지만 만족스럽지 못한 수업을 끝내고 나오던 날. 내 몸에 남은 석연찮은 기분과 수치와 수모의 불쾌한 흔적을 얼른 지우고 싶었다. 내가 더 당차게 행동하지 못했음을, 더 잘 해내지 못했음을 지우고 싶었다. 어김없이 허기가 졌고, 가만히 혼자 앉아 달콤하고 고소하고 매운 음식들을 먹었다. 위로받고자 애쓸 필요 없이 먹는 행위만으로도 위로가 되는 시간. 아픔을 상쇄해줄 만큼의 미각에 빠져 있노라면 슬픔은 또 괜찮아졌다.

　둘째 아이를 가졌을 때, 의사는 과체중이 우려된다고 말했다.

첫째 때 경험으로 아이만 낳고 덜 먹으면 금방 빠질 거라고 생각했다. 오판이었다. 아이가 한 명 더 늘었을 뿐인데 체력과 감정이 몇 곱절 소모됐다. 어느 날 나는 아이들을 너무나 사랑하는 성자였다가 어느 날은 절대 아이를 키워서는 안 되는 악마였다. 극심한 감정 기복에 시달렸다. 그럴 때마다 역시 먹을 것을 손에 들었고, 먹고 나면 괜찮아졌다. 결국 만삭 몸무게 그대로 복직했다.

감정적 문제는 자꾸만 생겼다. 꼬리에 꼬리를 물며 일어나는 일상생활의 문제와 삶에 대한 질문에 골몰하면서 나는 계속 먹었다. 고통과 먹는 과정에서 삶이 뭐 그리 대단할까, 나아질까 싶은 허무의식도 있었다. 다 필요 없고 그냥 매 순간 잘 먹고 잘 자고 평온했으면 좋겠다는 생각도 자주 들었다. 왜 매 순간 노력해야 하고, 자기 절제를 해야 하고 나아가야하나. 그렇지 않은 사람들에게, 숨을 고르는 사람들에게 자기 관리에 실패한 패배자라는 시선을 숨기지 않을까 생각하면서. 노력하지만 성과가 보이지 않는 사람들에게 '너의 노력이 부족해서 네 삶이 그런 것'이라고 쉬이 판단하는지 분노하면서.

아이들이 자랄수록 나만의 시간도 생기고 체력적 부침도 줄었지만 몸무게는 자꾸 늘었다. 사람들은 내가 살이 찐다고 걱정했고, 자기 관리 안 한다고 혼냈고, 식탐만 늘었다며 꾸짖었다. 그런 소리 속에서 자꾸 주눅이 드는 것은 어쩔 수 없었다.

어쩌다 어설프게 아는 사람들과 같이 식사를 했던 날이었다. 일이 끝난 시간이 공교롭게도 점심시간이라 배가 너무 고팠다. 함께 했던 이들은 끊임없이 다이어트 이야기를 했다. 몸매가 예쁜 지인이 밥을 반도 채 안 먹고 식사를 마치자, 역시 적게 먹어야한다며 다들 그녀를 찬양했다. 지인을 향한 호의의 말들이 커질수록 조마조마해졌다. 부디 나에게 함부로 조언하지 않았으면 좋겠다고 생각하며 밥 한 공기를 다 비웠다. 슬프게도 예감은 적중했다. 지인의 아는 언니가 나에게 말을 건넸다. 수더분해서 처음 본 사람도 금방 친구로 만든다는 그녀는 내게 초등학생 아들이 있다는 말을 듣고 단박 이렇게 말했다.

"나이 많이 들어 보이면 안 되는데. 애들은 엄마가 학교 왔을 때 살찌고 나이 들어 보이면 창피해한대요. 애기 엄마도 직업은 좋지만 안 예쁘면 아들이 나중에 학교 오는 거 부끄러워하니까 다이어트 좀 해요. 밥 한 그릇 다 먹으면 살찐다?!"

얼굴에 피가 몰렸다. 나는 벌떡 일어나 소리 지르고 싶었다. 그만 좀 해! 나의 열심과 성실을 당신들이 알아? 그러나 나는 그저 상처받지 않은 얼굴로, 아무렇지 않다는 마음으로 그 자리와 모욕을 견디다 헤어졌다.

그날 밤, 자려고 누웠는데 잠이 안 왔다. 살찌고 통통한 나의 삶이 정말 잘못된 것인가에 대해 생각했다. 아무리 애써도 잠이 오지 않고, 쌀쌀하고 씁쓸한 평가와 조언만 자꾸 떠올랐다.

나는 거울을 봐도 잘 모르겠는데 사람들은 다들 내 앞에서 나라는 사람을 잘도 평가했다. 어떤 대화를 하든 살 빼는 법에 대한 이야기가 나왔다. "살 좀 빼, 너를 위해서, 네 건강을 위해서." 매번 건강 운운하며 내 몸을 화두로 삼다니, 괘씸했다. 그들이 나에게 그닥 깊은 관심이 없다는 걸 알기에 함부로 받은 조언에 화가 났다. 더 괘씸한 것은 나였다. 이런 말들에 매번 상처받다니. 나는 괜찮지 않아서 상처받는 것일까. 정말 보이는 것들이 나의 대부분을 규정하는 걸까. 나에게 칼날을 들이밀며 물었다. 진짜 괜찮은 거냐고.

화가 꽉 차서 하도 잠이 안 왔던 그 밤, 휴대폰으로 메일함에 접속해 무려 900여 건이 넘는 의미 없는 메일들을 지워나갔다. 그러다, '세상에서 제일 사랑하는 나의 딸 선연에게'로 시작하는 메일을 발견했다. 읽은 흔적은 있으나 기억에 없는 메일이었다. 2013년 4월 15일에 엄마는 나에게 어떤 사랑의 말을 보냈으려나. 두근거리며 조금은 두려워하며 메일을 읽어나갔다.

"이제 60대에 들어선 엄마는 삼 남매가 좋은 짝을 만나 멋진 가정을 이루는 것 외에 별다르게 소원이 있는 건 아니다. 사람들과 소통하고 여행을 하면서 해보지 않았던 일들에 도전하며 살고 싶다. 그중에 한 가지 너에게 꼭 맛보게 해주고픈 것이 있다. 바로 체중 때문에 예쁜 옷을 입고 싶은 대로 맘껏 입어보지 못하고 30대가 된 나의 사랑하는 큰딸이 옷을 마음대로 골라 입을 수 있는 자신감이다. 선연이가 체중관리에 신경 써서 멋진 청바지를 입고 자신 있게 다니며 자신의 모습을 사랑하며 살았으면 좋겠다. 어쩌면 결혼보다 더 네게 원하는 것이다. 내면의 아름다움이 물론 중요하지만 스스로도 만족할 수 있는 외면을 가꾸는 것도 아주 중요하다고 생각해.

어제 네가 많은 음식들을 먹는 것을 보니 내가 많이 우울하더라. 먹어서는 안 되는 음식들. (엄마도 먹었지만) 너는 먹으면 안 되는 기름에 튀긴 호떡, 어묵과 피자. 그러고도 피곤하다고 꿀물을 타 먹으려 하는 생각. 너에게 살 빼라는 말을 하면 이내 상처받는 네 모습도 마음이 아주 많이 아프다. 건강하지 못한 신체가 정신까지 이어지는 것이 아닐까 싶네. 이런 것들은 내가 사랑하는 선연의 모습이 아닌 것 같아 마음이 무겁다."

엄마가 10년 전에 보낸 이메일을 읽으면서 나는 얼굴이 터질 듯 화끈거렸다. 엄마는 긴 편지의 마무리를 '엄마의 말을 너무 기분 나쁘게만 듣지 말고 뱃살 빼는 법과 허벅지 살 빼는 법을 알려줄 테니 명심했으면 좋겠다.' 라고 했다. 엄마는 이 글이 나의 기분을 상하게 할 것을 알고 있었다. 내가 외면할 것도 알기에 '명심'했으면 좋겠다고 강조했을 것이다. 그럼에도 꼭 말해야 하는 간절함으로 메일을 썼으리라. 내가 엄마의 조언을 명심해서 더 노력한다면, 더 절제하고 자신을 가꾼다면 삶은 더 수월해질 것이고 완전해질 것이라고 믿기 때문에. 사람들은 그런 믿음으로 서로에게 조언하고 스스로 채찍질하며 사니까.

편지를 받았을 무렵인 10년 전에 비해 나는 15킬로그램이 더 쪘다. 엄마는 더는 나에게 잔소리를 하지 않는다. 살 빼라는 조언이 결국 딸에게 상처만 줄 뿐이고, 딸이 변하지 않는 모습을 보며 스스로 속상해하는 도돌이표를 그만두기로 한 것이리라.

건강검진 결과 '정상' 범주임에도 사람들은 나를 정상으로 보지 않는다. 사람들은 내가 겉모습을 꾸미지 않는 게으른 존재, 스스로를 사랑하지 않아 살이 찐 존재로 대한다. 삶의 어려움과 불만족이 쌓여 살이 된 거라고 말한다. 더 노력해서 날씬해지고 예뻐지면 삶이 수월할 거라고 말한다. 그런 말을 듣다보면 나도 나를 그들의 시선으로 보게 된다.

생의 총량 중 눈에 보이는 것들, 우리의 삶을 쉽게 재단할 수 있는 것들, 그 중에 체중이 가진 무게를 생각해본다. 그렇다면 나는 어떤가? 나는 괜찮다. 나는 정말 괜찮다. 내게 음식은 찌꺼기가 아니다. 내 감정의 찌꺼기를 풀어주는 윤활유다. 어찌하지 못할 우울과 분노 앞에서 맛있는 음식으로 단박에 괜찮아지는 단순함을 나는 가졌다. 그거면 됐다. 주어진 삶을 함부로 하고 싶어질 때마다 나는 먹었다. 그리고 금방 괜찮아져서 내가 살고 싶은 삶을 바라보며 살아냈다. 아무것도 파괴하지 않고 방관하지 않고.

나는 괜찮다는 결론을 낸 새벽, 벌떡 일어나 거울을 보았다.

여명 속에서 나의 모습이 어렴풋이 보였다. 가만히 나를 바라보았다. 마른 마음으로. 어둠 속에서 내가 더 뚜렷해졌다. 타인의 시선을 걷어내고 거울 속 나를 애정하기로 했다. 순순한 눈빛으로 지금 살아온 나를 쓰다듬었다. 통통한 내 살들도 그동안 내가 살아낸 방식이었고 애씀이었음을. 지금 내 모습은 요동치는 감정과 나약한 생각에도 생을 포기하거나 파괴하지 않고 어떻게든 살아내려고 스스로를 보살핀 삶의 방식, 내가 선택한 방식이었다.

늦되고 흔들리는 게 뭐 어때서

 아이는 1학년 연산문제집을 펴놓고 한참 싫은 표정으로 미적거렸다. 겨우 한쪽을 풀면서 입술을 삐죽이고 한숨 쉬며 공부하기 싫은 티를 냈다. 틀렸다고 하면 온갖 짜증을 내면서 자기는 이것밖에 안 되는 바보 멍청이라며 자학했다. 하기 싫은 것을 시킨 엄마를 겨냥한 아들의 작전이었다. 그 작전에 걸려든 나는 불편한 심기를 드러냈다. 세상을 살아가는데 배우는 자세가 얼마나 중요한지, 왜 공부를 평생 해야 하는지 일장 연설을 했다. 그런 태도로 배움을 경시하고 외면하면 나아질 게 없는 사람으로 무시당하며 살 거라고 겁도 줬다. 말하고 보니 정말 아이가 내 말대로 학업에 뒤처져서 자존감까지 떨어지면 어쩌나 아득해졌다. 가슴이 답답했다. 내 기세에 풀이 죽은 아들이 마지못해 연필을 다시 드는 모습에 마음이 복잡해졌다.
 첫째가 1학년 때, 담임선생님과 했던 상담 내용이 떠올랐다. 선생님은 아이가 친구들을 배려하는 마음이 남다르며 창의적인 생각으로 노는 아이라고 칭찬하셨다. 나는 선생님의 주옥같은 칭찬보다 아이가 학업에 대한 자신감이 떨어진다는 말에 꽂혔다. 올 것이 왔구나 싶었다. 수업시간에 아이는 대답을 못 한다고 했다. 생각하는 시간이 다른 아이들보다 더 필요하다 보니 상대적으로 움츠러드나 시간을 주면 반드시 잘 해낸다고. 그러나 선생님의 말에 다행이라는 생각이 들지 않았다. 아이가 수업시간에 어떤 모습으로 앉아 있을지 눈에 선했다.

엄마인 내가 대답을 해야 할 차례. 잠시 머뭇거렸다. 앞으로 집에서도 아이를 잘 가르치겠다고 할까, 내가 가르쳐봤자 사이만 안 좋아지니 학원을 보낸다고 할까. 순간 고민을 하다가 솔직하게 말했다. 하루 10분 내외로 같이 복습하는 것도 쉽지 않다고. 고작 그거 하는 것도 온갖 협박을 해야 하니 어떻게 해야 할지 모르겠다고. 내가 교사면서도 공교육만 믿고 아이가 스스로 할 수 있게끔 기다려주는 게 맞는지 의구심이 든다고. 이러다 계속 공부 안 하는 아이가 되는 건 아닐까 걱정하고 있다고. 선생님은 조용히 고개를 끄덕이셨다. 그 경청의 힘에 기대어 더 깊은 속내를 드러냈다. 아이가 학교에 다니자마자 배우는 것을 너무 싫어하니 당황스럽다고. 세상은 너무나 빠르게 변하고 빨리빨리 배우고 익히라고 종용하는데, 배움이 빠르지 않은 아이를 보니 속이 뒤집힌다고.

마무리를 지어야 할 것 같아 어설픈 나름의 해결책도 제시했다. 아이에 대한 기대가 아이의 실력보다 앞서봤자 득이 될 것이 없으니 내 마음부터 다잡겠다고. 현재 아이의 실력을 기준으로 꾸준히 책을 읽어주고 대화를 나누면서, 때론 다양한 체험을 함께하며 배움에 대해 긍정적인 인식을 심어주겠다고. 그래도 아이가 수업을 못 따라간다면 기꺼이 학습 도우미 선생님의 도움도 받겠다고. 그러면서도 속으로는 그런 상황이 오지 않았으면 좋겠다고 생각했다. 아이가 스스로 결핍도 느끼고 부끄러움도 경험하면서 공부의 필요성을 알아가지 않겠냐고 말하면서도, 스스로 공부를 못하는 아이라고 여길까 봐 겁난다는 말은 삼켰다.

갈팡질팡 행동하는 나의 모순을 선생님께 들킨 것만 같았다. 사실 나는 아이의 있는 그대로 성향과 배움의 속도를 존중해주겠다고 하지만, 아이의 한 번의 성공에 기쁨을 숨기지 못하고 한 번의 실패에 가슴 아파한다. 아이의 실패까지 응원하고 사랑한다고 말하면서도 그대로 받아들일 역량이 부족해 우왕좌왕한다. 이런 나의 모순을 아이가 눈치 채고 상처받을까 봐 전전긍긍하면서.

선생님과 상담을 마치고 나오며 생각했다. 우리 아이가 잘한다는 말을 들으면 얼마나 좋을까. 어깃장 내지 않고 순순히 가르침을 덥석덥석 받아먹으면 얼마나 좋을까. 꼭 책상 앞에서 기를 한 번 꺾어야 겨우 시작하는 태도를 버리면 얼마나 좋을까. 이럴 때마다 내가 안 시켜서 아이가 안 하는 거라고 말하는 지인들의 말이 떠오르기도 하고, 선생님이면서 자기 아이도 못 가르친다는 말을 들을까 봐 겁도 난다. 그리고 한밤중에 몸을 뒤척이며 이어지는 생각. 아, 꼭 나 닮은 것을 낳았구나, 나는.

여덟 살의 나는 나의 첫째아이와는 비교도 안 될 정도로 소극적이고 늦되었다. 남들은 쉽게 하는 것처럼 보이는 것도 수월하게 해내는 법이 없었다. 애국가를 4절까지 외는 것, 구구단을 외는 것, 글씨를 네모 칸 안에 쓰는 것도 다 어려웠다. 학교는 그냥 어려움 덩어리였다. 당연히 자주 좌절했다. 슈퍼 히어로처럼 초능력이나 천재성을 가지고 있지 않을까 헛된 기대로 나를 부풀리기도 했다.

내가 다닌 학교는 잘하는 사람, 탁월한 사람만 이름으로 불리는 곳이었다. 나의 부모님도 우수한 재능을 가진 제자를 만나면 희열을 숨기지 않는 여느 교사와 똑같았다. 제자들의 재능을 경이에 가득차서 이야기하다가 자식의 평범함을 새삼 인식하고 실망감을 감추지 못하는 교육자 엄마, 아빠. 어린 나는 부모님의 기대에 부응하지 못하는 자신을 자책하고 상처받았으면서도, 그런 기대를 숨기지 못하는 부모가 되었다.

내가 아는 세상이 그런 세상이라 우리 아이들이 학업에 특출나지 않아도 선생님과 친구들로부터 다정하게 이름을 불릴 수 있을지 의심한다. 어느 날은 건강하고 착한 아이들의 마음씨에 감탄하면서 인성이 중요하다고 생각하지만, 어느 날은 어느 정도는 공부도 해야 한다고 생각한다. 어느 날은 내 아이를 영재로 만드는 법에 대한 책을 읽다가 또 어떤 날은 아이를 있는 그대로 사랑하는 법에 대한 책을 읽는다. 어느 날은 타이거 맘(Tiger mom)처럼 아이들에게 적재적소의 선택지를 제공하며 아이들의 능력을 끌어올릴 엄격함으로 키워야 하는 것이 아닐까 고민하고, 어느 날은 스칸디 맘(Scandi mom)처럼 정서적 교감과 유대감을 키우는 것을 우선해야 하는 것이 아닐까 고민한다.

내 인생은 주로 두 부분으로 나뉜다. 가르침을 받으며 산 삶과 가르치며 산 삶. 그 정도면 어느 정도 교육에 소신을 가질만한 데도 나는 여전히 흔들린다. 공부를 잘하고 배움을 즐겨서 훌륭한 경력을 쌓아가는 삶을 경외하다가도, 스스로 타고난 마음의 결을 살려 소소한 즐거움을 찾아 안락하게 살아가는 삶도 긍정한다. 삶의 척도는 다양하고 나의 삶도 고유한 것이라 세상에 펼쳐진 다양한 선택지 중 하나를 골라 살아가면 되는데, 그렇게 여기면서도 행여 나의 선택이 잘못된 것이어서 내 아이가 불행하면 어쩌나 조바심 난다.

세상에 이렇게 우유부단한 엄마라니. 어쩌면 좋으니, 아들. 나는 여전히 잘하고 싶은 마음만 앞서 달리는구나. 그래도 내 마음의 가장 큰 줄기는 '너'란다. 나를 바라보며 웃어주겠니? 엄마가 흔들릴 때 너의 마음을 솔직하게 말해주겠니? 우왕좌왕하며 길을 곧잘 헤매는 엄마가 너의 미소와 생각을 따라 걸을 수 있게. 너의 뒤에서 너의 조그만 등이 점점 커가는 모습을 바라보며 네 속도보다 앞서가지 않게. 아무리 고민해 봐도 마음은 돌아와 나에게 이렇게 말하는구나. '아이의 속도대로 차분차분 걸어봐. 네가 놓치며 산 세상을 다시 한 번 찬찬히 보며 너도 함께 걸어가 봐.'라고.

김선연

내 아이들에게 물려주고 싶지 않은 것

바르고 엄격한 생활 태도를 가진 교육자 부모 밑에서 산다는 것이 좋지만은 않았다. 바른 생활의 틀은 좁고, 확고했고, 나는 얌전한 외모와 달리 유별난 데가 있는 어린이라서 부모님이 허용해주는 틀을 자주 넘었다. 그때마다 어김없이 혼났다.

가령 부모님 몰래 달고나를 만든다고 국자에 설탕을 한가득 넣고 녹이다 국자까지 태워버린 일. 그것까지는 좀 어떻게 해보겠는데 쇠젓가락에 들러붙은 시커먼 설탕 덩어리를 핥아먹다 입술에 열상이 생겨서 밤새 징징 울었던 일. 비싼 어린이 전집을 읽을 만큼 읽었다고 생각해서 가위질해 퍼즐로 만든 일. 어린 남동생을 입술은 뻘겋게, 눈은 시퍼렇게 화장시키고, 엄마의 뾰족구두도 신겨 동네를 데리고 다닌 일. 동생들을 별스럽게 데리고 놀아서 가사도우미 아줌마들이 한 달을 못 견디고 그만두게 만든 일. 성적표의 우를 수로 바꾼 일. 시시때때로 거짓말을 한 일.

내 딴에는 그 나이에 그럴 법한 일이라고 생각했던 것 같은데 부모님은 아니셨다. 난장판이 된 집과 때론 만신창이가 된 남동생 꼴에, 지친 얼굴의 부모님은 순식간에 분노를 끌어올리셨다. 엄마가 휘두르는 파리채 아래서 우리는 파리가 되었다. 파리채를 요리조리 피해 봤지만, 어차피 우리는 파리처럼 잽싸지 못했다. 피해봤자 갈 곳 없고 맞아야 끝나는 것이라면 엄마의 부아를 돋우지 않고 빨리 맞는 편이 이로웠다. 아빠의 국어대백과사전도 마찬가지. 국어 선생님이셨던 아빠의 국어대백과사전은 남달랐다. 나는 그 사전만큼 두꺼운 책을 여태까지 보지 못했다. 철퇴 마냥 내리치는 국어대백과사전 아래 우리의 목은 수없이 꺾여서 머리가 가슴에 가 붙을 지경이었다. 나는 좀 덜 아프게 맞기 위해 티 나지 않게 국어사전의 페이지를 조금씩 찢어 버렸지만 그 무게는 결코 줄지 않았다.

맞으면서 큰다는 당시의 분위기 속에서도 우리는 크고 작은 사고를 치고, 크고 작은 매질을 받으면서 씩씩하게 자랐다. 내 마음속에는 이까짓 거 가지고 맞아야 하는가 하는 억울함, 어른들은 왜 우리 마음을 모르나 하는 반항심이 있어서, 맞을수록 우리는 더 씩씩해졌다. 맞는다는 것은 겁나고 두려웠지만 맞았다고 쉬이 꺾일 마음은 아니었다.

새까맣게 잊고 있었던 지난 일들이 되살아난 것은 아이들 때문이다. 여덟 살, 여섯 살 두 아이가 그날따라 유난히, 끊임없이 싸웠다. 달래도 보고, 훈계도 하고, 혼내도 봤는데 종일 비슷비슷한 이유로 싸워댔다. 나중에는 서로 엉겨 붙어서 주먹질까지 했다. 동네 개떼 싸움이 따로 없었다. 말리다가 아이들의 주먹에 맞았다. 큰아이의 팔꿈치가 가슴을, 막내의 발차기가 옆구리를 쳤다. 너무 아파서 눈물이 찔끔 났다.

봉인해제. 꼭꼭 숨겨놓았던 날 것의 감정이 튀어나왔다. 오래전 보고 당했던 대로 냉장고 위에 올려둔 파리채를 잡았다. 파리채 손잡이 부분을 허공에 대고 휘둘렀다. 공기를 가르는 날카로운 소리가 단번에 아이들의 싸움을 멈추게 만들었다. 나조차도 움찔하게 만드는 소리였다. 나는 그 파리채로 아이의 몸을 겨냥했다. 때릴 데가 없었다. 어디를 때리지, 일단 파리채를 들었으니 때리긴 때려야 한다는 생각과 아이들을 때리면 안 된다는 생각이 충돌했다. 그러다 결국 때렸다. 이상한 자존심. 한번 말했으면 일관성 있게 라는 논리가 이 상황에서 힘을 발휘했다. 힘을 빼고 큰 아이의 허벅지를 살살 때렸다. 도망가는 둘째를 붙들어 종아리에 파리채를 댔다. 아이들은 나와는 달랐다. 아무리 어른이라도 아이를 때릴 수 없다고, 나쁜 엄마라고 소리치며 할머니 방으로 달려갔다. 엄마가 파리채로 때렸다고 이르는 소리가 들렸다.

"싸워서 엄마한테 맞았구나. 너희 엄마도, 이모도, 외삼촌도 파리채로 얼마나 많이 맞고 자랐는지 몰라."

"할머니도 나쁜 엄마였어요? 왜 아이들을 때려요?"

"그때는 잘못하면 맞으면서 컸단다."

"잘못했다고 때리는 건 아니지요. 어른들한테 맞기부터 하면 속상한 마음이 커서 우리가 뭘 잘못했는지 까먹는다구요. 아프니까요. 엄마가 미운 마음만 들어요."

"어린이니까 어른들이 친절하게 알려주고 여러 번 알려줘야 한다고 배웠어요. 엄마는 그러지 않았으니 나빠요."

아이들의 항변 속에서, 나는 종아리며 허벅지에 피멍이 들었던 우리의 어린 시절을 떠올렸다. 아마 그때 우리는 엄마, 아빠의 좋은 말을 알아듣고 바로바로 움직였던 애들은 아니었을 것이다. 아이들의 이유가 그럴 듯 했어도, 그 마음을 헤아릴 만큼 엄마 아빠가 여유있는 어른들도 아니었을 것이다. 빨리 상황을 통제하고 아이들을 말 잘 듣는 아이로 키우려면 매질이 확실히 효과적이었을 것이다. 학교에서도 집에서도 어른들이 말 안 듣는 아이들을 때리는 것이 이상하지 않은 시대였으니. 어떻게 꽃 같은 아이들을 때리느냐고 반박하는 어른이 없는 시대였으니.

지금은 아니다. 아이들의 인권을 존중해야 한다는 메시지에 모두가 수긍한다. 나는 아이들의 인권을 존중하되 폭력을 행사하는 부모가 되었다. 씁쓸하다. 나의 폭력은 드러나지 않고, 비밀스럽고, 사소하게 행해지며 나의 사죄로 자주 무마된다.

피곤해 죽겠는 늦은 밤. 잠은 안 자고 등을 긁어달라는 아이의 등을 좋은 마음으로 긁어준다. 그런데 그게 한 시간이 넘어간다. 그 정도가 되면 힘들어서 "잠이나 좀 자!"라고 버럭 소리 지르며 아이의 등을 떠밀고 만다. 설거지하는 나에게 매달리는 아이를 저리 가라고 슬쩍 밀어낸다. 두 아이의 다툼이 반복되면 미친년처럼 그만 좀 하라고 괴성을 지른다.

 아이들은 온화했던 엄마가, 자신들을 위해 수 없는 노고를 묵묵히 행했던 엄마가 갑작스럽게 밑바닥을 내보일 때 당황한다. 그리고 어찌 할 바를 모르다가 자기들 때문에 엄마가 힘들다고 자신들을 탓한다. 내가 견디기 힘든 부분은 여기다. 내 일상의 힘겨움과 감정을 이런 식으로 아이들에게 전가해버리는 것. 살면서 내 밑바닥을 드러내는 경우는 거의 없었는데, 왜 엄마가 된 지금 부정의 감정을 극단적으로 분출하게 되는 걸까.

 아이들은 그런 나의 모습을 몇 년이 지나도 기억하고 있다가 어느 날 갑작스럽게 분출한다. '엄마는 변하지 않았네요. 이러고 좀 있다가 안 그럴 거라고, 미안하다고 말할 거면서.' 그 말에 나는 더 깊이 좌절하고 부끄러움을 느낀다. 이 정도 마음 그릇밖에 안 되고, 이 정도 인품밖에 안 되면서 어쩌자고 부모가 되었나. 이렇게 사랑스러운 아이를 키우면서, 어른인 내가 감정 조절을 못 해서 후회할 일을 기어이 만들고 마나. 자책하는 밤에는 어김없이 긴 한숨과 함께 '내가 이 정도 밖에 안 되는 인간이라니. 후회할 걸 뻔히 알면서.'라는 생각을 하며 가슴을 친다.

 나는 부모로 살면서 아이에게 크고 작은 '상처'를 주고 있다. 매번 성숙하게 행동하려고 노력하면서도 자주 실패할지도 모른다. 내가 노력한다고 아이들에게 잘못한 일이 사라지지는 않을 것이다. 좋았던 다수의 기억보다 한 번의 부정적인 감정의 상처가 굳어질지도 모른다. 그럼 어떻게 해야 할까. 나의 해법이자 다짐은 이렇다. 상처에 생각과 감정이 고착되지 않도록 또 다른 좋은 기억을 많이 만들어주자. 평소 나의 감정을 잘 돌보자. 부모님이 파리채로 나를 때렸다고 해도, 국어대백과사전으로 내 머리를 후려쳤다 해도 오랫동안 그 기억을 잊고 살았던 이유는 그들이 내게 좋은 기억을 만들어준 빈도가 더 많아서일 것이다.

어제도 아이들에게 자잘한 일로 화를 냈다. 오늘은 아이들을 데리고 동해안 7번 국도 3박 4일의 여행을 떠났다. 이동하는 도중 차 안에서 싸우는 아이들에게 그만하라고 소리를 질렀고, 배고프다고 이것저것 주문했다가 고스란히 남긴 아들에게 내 이럴 줄 알았다고 면박을 줬다. 그러면서도 다음 식당에서 아이들이 원하는 만큼의 몫을 주문했다. 생선 냄새를 못 견디면서도 아이들이 잘 먹으니까 생선살을 발라 밥 위에 얹어주었다. 아이들이 어느 정도 밥을 먹기 시작하고 나서야 나는 첫 술을 떴다. 거센 겨울 바다 앞에서 무릎을 꿇고 아이들 옷을 여며주었고, 겨울바람을 등으로 막으며 아들 둘을 끌어안고 사랑한다고 속삭였다.

어떤 기억을 더 많이 안고 아이들은 살아갈까. 나는 어떤 기억을 주로 남기고 노년에 곱씹고 살고 있을까. 나도 아이들도 모를 일이다. 다만 아이들이 스쳐 지나갈 일까지 굳이 끌어안고 상처라고 이름 붙이지 않았으면 좋겠다. 그렇게 상처라고 이름 붙이고 나면 마음이 그 기억에 오래 머물게 되므로. 나 역시 상처라고 이름 붙인 기억들을 오래 붙잡고 있어서 그 기억이 부풀려지고, 발목 잡힌 세월이 길었기 때문에.

나의 능력, 나의 쓸모

김선연

 엄마는 자꾸 나보고 육아에 발목 잡혀 능력을 썩히는 거 아니냐며, 아이들을 봐줄 테니까 일하러 나가라고 했다. 아빠는 자꾸 나보고 이왕 육아 휴직한 거, 아이들 학교 보내고 혼자 있는 시간에 건설적인 배움을 시작하라고 권했다. 항해사인 남편은 자신이 일 년에 8개월 이상 외국에서 항해 중일 때 육지에서 나 홀로 힘들지 않았냐고, 일하면서 집안일도, 육아도 전담했으니 이번 기회에 충분히 쉬라고 말하지만 아이들 키우는 데 힘쓰기를 원하는 눈치다. 나로 말하자면, 그냥 아무것도 하고 싶지 않았다. 그런데 쉬기만 하자니 그건 또 싫었다. 이루고 싶은 것이 많아서 마음은 분주한데, 아무것도 하고 싶지도 않고, 시간은 늘 빨리 가고, 나는 늙어가고. 조급증에 커피를 홀짝이며 다리를 달달달 떨다가 생각했다. '아씨, 몰라. 그냥 내 마음 가는 대로 한 번 살아볼 거야.' 동생은 말했다. 이제껏 늘상 '멋대로' 살아놓고 이제 와서 뭐 새삼스럽게 그러느냐고. 마흔 줄에 먹고 놀겠다고 선포할 환경과 배짱이 부럽다는 말을 덧붙이며.

 아이들과 시골로 일 년 살기를 떠났다. 내 결심은 하나였다. 마당에서, 동네에서, 산과 들과 강에서 매일매일 놀겠다! 어떤 계획도 의도도 없이. 오직 '아씨, 몰라. 그냥 내 마음 가는대로'를 힘껏 구사할 목적으로 오로지 더 즐겁게 놀기 위한 노력에만 힘쓰겠다고 다짐했다.

휴직 전, 나는 꽉 움켜쥔 주먹을 푸는 걸로 하루를 시작했다. 단단하게 굳은 주먹을 서서히 펴면 손가락 관절 마디마디의 묵직한 통증이 느껴졌다. 손바닥 안쪽에는 손톱자국이 깊숙하게 찍혀 있었다. 두 아이를 어린이집에 등원시키고 직장에 들어설 때까지 손톱자국은 선명히 남아 있었다. 마음이 풀리면 몸도 좀 풀릴까 싶어 낮 동안 어떻게든 마음을 이완시키려고 애썼지만 몸은 그대로였다.

긴장이 극도로 지속되는 날은 불쾌하고 지독한 꿈이 어김없이 들러붙었다. 꿈속에서 나는 수업을 시작하려고 교실로 들어간다. 빼곡히 앉은 아이들이 질서 없이 뛰어다닌다. 나는 앉으라고 말하지만, 교실의 소란에 내 목소리는 아이들한테로 닿지 못하고 교탁 주위에서 흩어졌다. 더 크게 소리를 지르려고 애쓰지만 내 목소리는 나에게만 들린다. 결국 옆 반 선생님이 와서 아이들을 조용히 시킨다. 나는 눈치를 보며 아이들 출석을 부른다. 아이들의 시선이 모두 나를 향하고 있다. 나를 못 믿는 옆 반 선생님도 나를 지켜본다. 출석을 부르고 난 뒤, 모두 다 왔구나, 라고 말하면 아이들이 반기를 든다. "선생님, 마지막 번호 안 부르셨잖아요!", "맞아요! 저 안 불렀어요!" 나는 마지막 번호의 아이를 호명한다. "선생님, 그 번호가 마지막 아니잖아요! 우리 반 마지막 번호요!" 아이들은 수군거리며 불신의 눈빛을 보낸다. 선생님은 우리 반 전체가 몇 명인지도, 마지막 번호가 누구인지도 모르나 봐 라고. 나는 내가 놓친 아이가 누구인지 알지 못해 절망한다. 내가 아는 것과 아이들이 알고 있는 마지막 번호는 끝내 일치하지 않는다. 교실에는 참을 수 없는 적막만 흐르고 아이들은 나를 차갑게 바라본다. 옆 반 선생님은 한숨을 쉬며 자기 반으로 돌아간다.

그 많은 직업 중 하필 나는 학생을 가르치는 일을 택했나. 꿈에서 깨자마자 자책했다. '나같이 부족한 것 투성이인 사람이 어쩌자고 아이들 앞에 서는가, 혼자 하는 일을 하면 차라리 덜 괴로웠을 텐데.' 그럴수록 배우는 것에 집착했다. 능력에 대한 의심을 가진 자의 꿈을 꿀 때마다 내가 할 수 있는 것을 했다. 과연 도움이 될까 싶은 적도 많았지만, 딱히 다른 방법을 알지 못했다. 언젠가 점 같은 노력들이 선으로 이어져, 나를 나아가게 하는 동력이 되길 바라며. 불안과 경직과 열등감을 지워나가고 싶어서, 악몽을 꾸고 경직된 몸과 마음으로 살고 싶지 않아서….

그러나 지식과 경험이 많아질수록 절망도 더욱 깊어졌다. 얼마나 더 노력하고 실력을 향상시켜야 이런 무거운 심신이 괜찮아질지, 자주 회의가 들었다. 나는 나아지지 않고 그대로인 것 같았다. 다른 이들은 언제나 더 나은 모습으로 내 앞에 서 있었다. 어떻게 저런 자신감으로 살아갈까, 어떻게 저 많은 업무를 해내면서 지치지 않는 것일까. 학생들로부터 저런 지지와 사랑을 어떻게 받을 수 있을까. 부러움에 가려진 내 마음을 더는 아끼고 사랑할 수 없을 지경이 되면, 나는 어김없이 밤새 꿈에 시달리다 통증을 느끼며 아침을 마주했다. 나는 만족할 줄도, 스스로에게 칭찬할 줄도 몰랐다. 그런 나를 누가 좀 구원해줬으면 좋겠다고 생각하며, 자기 파괴적인 감정을 가까스로 억누르는 불안의 한가운데 서 있었다.

부모가 되면서 교사의 역할도 다시 마주하게 되었다. 독립된 존재로 이해하고 각자의 결을 인정해주며 가르치는 교사, 있는 그대로의 자신을 사랑하는 법을 깨닫게 해주는 교사가 되고 싶었다. 그래서 체력과 마음의 한계에 부닥친 지금, 여기서 멈추고 회복의 시간을 가진 뒤 다시 돌아와야겠다고 생각했다.

시골 살이를 하는 동안 실컷 놀며 지친 마음으로는 노동을 하지 않기로 했지만 삶은 곳곳이 돈벌이가 되지 않는 노동 현장이었다. 아이들을 먹이고 씻기고 재우는 일, 집안을 치우는 일, 매 끼니를 차리는 일, 텃밭에 물을 주고 수확물을 거두는 일. 경제적인 논리로 나를 설명할 수 없는, 지극히 사사롭고 티도 안 나는 시골 생활을 매일 해냈다. 내 노고에 따른 보상이 없는 일, 보상이 없다고 허투루 할 수는 없는 일. 그때마다 부모님이 내 능력이 아깝다고 한 말이 떠올랐다. 나의 능력, 능력이라.

　마을 사람들도 종종 조언을 해왔다. 젊은 사람이 집에서 놀고먹으면 안 된다고 젊었을 때 일을 하라고. 직업이 교사라는 것을 알게 된 이들은 능력을 썩히지 말고 무료 봉사라도 하라고 권했다. 내가 글을 쓰고 있다는 걸 알게 된 한 어르신은 글 써서 돈은 버냐고, 그럴 바에는 지원금을 받아서 농사를 지어 돈을 벌라고 하셨다. 인생은 결국 돈 싸움이라고. 돈이 능력이라고. 그럴 때마다 나는 내 능력을 떠올렸다. 나는 어느 정도의 가치 있는 사람인가. 일한 만큼 성과를 못 내도 상처받지 않을 수 있을까.

　시골에서 자신이 일한 만큼의 신성한 노동의 대가를 자연물로 얻는다고 믿는 사람들을 만났다. 자연이 변덕을 부리지 않는 한 그 말은 어느 정도 진실이었다. 무난한 봄, 여름을 보낸다면 가을은 어김없이 풍년이었다. 그러나, 풍년이라도 과실이 흔하면 값이 떨어진다는 말 역시 진실이었다. 풍년을 맞은 이웃은 주말에 도시의 자식들을 다 불러 감을 땄다. 주렁주렁 달린 감을 후루룩 따고 나면 나뭇가지는 홀가분한 듯 하늘로 훌쩍 튕겨 올랐다. 노동에 대한 정당한 보상을 받을 일만 남았다.

　경운기에 감 박스를 싣고 공판장에 가니 감 1박스에 1600원을 달라고 했단다. 감이 풍년인데 알도 작으니 어쩔 수 없다고. 당도가 높은 설탕 감이라고 해도 그건 중요하지 않다고 했단다. 보관할 창고가 없어 팔긴 했으나 감나무 약값도, 감 따고 박스에 담는 인건비도 안 나오는 1년 농사를 한 셈이다. 풍년인데 가난하다. 일 년 동안 정직하게, 쉼 없는 노동을 한다고 정당한 대가를 받는 것도 아니었다. 열심히 해서 능력을 키우면 그만한 보상이 반드시 따른다고 배우며 자란 나는 '가을의 가난'에 충격을 받았다.

잠시 떠나온 도시와 정착한 시골에서 다시 한 번 나의 쓸모를 생각했다. 능력이 부족하다는 말을 들을까봐 스스로를 채찍질하며 평가 절하했던 날들. 힘들게 애써 길러온 나의 능력과 자격들이 실은 우연으로 얻어진 것이 아닐까 의심하며 살아온 날들. 내가 기대한 값을 받지 못할 때의 상실감과 무력감, 깊어지는 열등감을 겪으며 나는 노력이 부족했기 때문이라고 생각했다. 노력이 성공을 보장한다는 전제를 의심해본 적이 없었다. 그런데 최선을 다한다고 농사가 반드시 잘되는 것도 아니고, 좋은 방식으로 농사를 짓는다고 사람들의 인정과 그에 따른 보상을 받는 것도 아니었다.

그렇다고 내가 들인 노력의 시간이 전혀 아무것도 아닌 것은 아니었다. 그 시간에 담긴 노력은 나만의 경험과 노하우가 된다. 어떤 일은 좋아하는 마음으로 시작해서 도망가고 싶은 일이 되기도 하고, 억지로 시작했는데 좋아하는 마음이 생기기도 한다. 내가 좋아하면 계속하는 것이다. 해야 하는 일이라면 해보는 것이다. 담대한 마음으로 버티며, 변수에 전전긍긍하지 않으며, 스스로 수긍할 만큼의 노력을 기울이며.

그깟 능력이 뭐라고. 남들이 사사로이 매기는 그깟 평판이 뭐라고 나는 평생 마음 편히 잠도 못 자고 살았나. 타인이 나를 바라보는 시선에 휘둘리지 않고, 경제적 보상 없는 일상을 알뜰살뜰 꾸려가고 싶다. 일상을 꾸리는 노동에 대한 대가가 없어도 상처받지 않았다는 사실을 상기해내고 더 힘을 내고 싶다.

오늘도 대가 없는 노동으로 일상을 꾸렸고, 아이들과 진탕 놀았다. 놀면 신이 났고 웃음이 절로 흘렀다. 많이 웃을수록 긴장을 잊었다. 풀린 마음으로 보니 세상이 달랐다. 빛이 어제와 어떻게 달라졌고, 길가의 풀이 어느 정도 컸는지, 나무 이파리가 얼마나 짙어지고 무성해지는지도 알아차렸다. 나는 내 능력을 부풀리지 않는다. 노력하는 만큼 성과를 내야 마땅하다고 강요하지도, 더 잘해야 한다고 무리해서 채찍질하지도 않는다. 있는 그대로의 나를 바라보는 연습을 한다.

연필 들 힘도 안 남겨두고 몸의 에너지를 다 쓰며 놀았던 날에도, 마음은 쉴 줄을 모른다. 좋아하는 것들이 많아지는 날의 연속이다. 단잠에 빠져드는 순간에도 어렴풋이 생각한다. 순순하고 무해한 즐거움에 더 깊이 파고들고 싶다고.

김선연

수평을 달리는 어른들의 잘 싸우는 법

 아빠는 물과 하늘이 맞닿아 경계를 이루며 달리는 선이고, 엄마는 편평한 대지와 하늘이 맞닿아 경계를 이루며 달리는 선이었다. 각자 자기 노선이 있었다. 각자의 점에서 시작해 수평을 달렸다. 그 수평선들은 평행이었다. 수평선이든, 지평선이든 휘지 않고 제 갈 길을 간다는 점에서 똑같았다. 평행을 달리는 선들, 나란히 뻗어 나가는 선들. 아, 싸움은 어떤 면에서 너무 같아서 더 팽팽하게 맞서는 것이구나 싶었다.

 수평을 달리는 부모님이 일치를 보지 못하고 평행선을 달린 날이면, 나는 고개를 숙이고 걸었다. 동네 사람들이 우리 집의 싸움을 알은체할까 봐 빠른 걸음으로 땅을 보며 걸었다. 만나는 사람들이 우리 집의 다툼을 아는 것 같아 위축됐다. 수업시간, 쉬는 시간, 걷는 시간 어느 때고 갑작스럽게 밤사이에 오갔던 고성과 비명이 재생되곤 했다.

 왜 아빠는 남자면서 여자인 엄마에게 양보하지 않는 걸까. 왜 엄마는 끝까지 지지 않으려고 칼날 같은 말을 내뱉는 걸까. 왜 서로 잘못한 점만 반복해서 말하는 걸까. 서로를 사랑하지 않는 걸까. 더 이상 사랑하지 않는 사람들 사이에서 태어난 나는 과연 사랑스러운 존재가 될 수 있을까.

 나는 오래전부터 잦은 다툼에 지쳤으나 부모님은 지칠 줄을 몰랐다. 부모님이 서로를 향해 날리던 비수들이 고스란히 나에게 전가되어 오는 밤, 나는 스스로를 도무지 사랑할 수가 없었다. 싸움 끝에 화를 삭이지 못해 자리를 피하는 사람은 아빠였고, 우리를 끌어안고 우는 사람은 엄마였다. 엄마가 가여웠다. 엄마가 행복했으면, 웃었으면 좋겠다고 간절히 바라며 최선을 다해 엄마 곁에 있었다. 때로는 엄마가 숙여주면 싸움이 일어나지 않을 거라고, 그냥 져주라고, 그래도 진짜 지는 건 아니라고 강요하기도 했다. 그렇게 되면 엄마도 덜 외로울 거라고 생각했다.

 그러면서 생각했다. 나는 결혼은 하지 않을 거야. 그러다가 사랑이라는 걸 해서, 이 사람 아니면 후회할 것도 같고, 행복해질 자신도 있어서 결혼을 했다. 남들처럼 아이를 낳아야 할 것 같아서, 아이를 낳아 엄마가 되고 싶은 마음이 차올라서 엄마가 되었다. 양보를 잘하고 순한 사람인 줄 알았던 남편도 살아보니 고집이 있었고, 어느 지점에서는 이를 앙 다물고 금언하는 날들을 보내기도 했다.

 우리의 부부싸움은 주로 이렇게 진행된다. 일단 큰 소리를 처음 내지르는 것은 나다. 조근조근 따지고 있는 남편을 보고 있으면 울화통이 터져서 신경질이 난다. 어떤 부분에서는 말문이

턱 막히는데, 그때를 놓치지 않고 남편은 봐라, 당신이 잘못했으니까 할 말이 없는 것 아니냐고 치고 나온다. 어김없이 그 부분에서 화가 난다. 내 잘못이 있어서 대꾸를 못 하는 게 아니라 어처구니없어서 어디서부터 이야기를 시작해야 하나 엄두가 안 나서 말문이 막히는 건데. 화를 누르는 어투에 나에 대한 분노와 미움이 느껴진다. 내가 소리 지르면 그는 잘한 것도 없는데 어디서 소리 지르냐고, 잘못한 사람이 꼭 소리친다고 타박을 준다. 나는 그가 나에게 던지는 말의 전제조건, '당신의 잘못으로 지금 싸우고 있는 거야'에 화가 나서 더 발악했다. 남편이 이렇게 나오는 것이 서운하고 사람이 달라진 것 같아서 더 크게 소리치고 물건도 집어 던졌다. 싸움의 결론은 포기. "헤어지자, 너 같은 사람을 만나서 내 신세 망쳤어." 상대에 대한 이해를 포기한다.

그런 날이면 아이들이 우리를 가만히 바라봤다. 오들오들 떨면서 겁먹은 눈으로 부모의 고성과 가시 돋친 말과 폭력을 거름망 없이 입력하는 것이 보였다. 그러면 똑같이 화내고 싸웠던 남편이 갑자기 돌변한다. "애들 앞에서는 싸우지 말자고 했지?" 내 탓을 한다. 그는 좋게 말할 수도 있었는데 내가 아이들 앞에서 화를 내서 자기도 화를 냈다며 집을 나간다. 나는 분해서 남편이 나간 현관문에 신발을 집어 던진다. 이게 이렇게 화를 낼 일인가 싶은 일로 시작된 싸움은 먼저 말 걸지 않겠다는 자존심을 건 신경전으로 이어진다. 집에는 말 대신 못마땅함, 화남을 알리는 요란스런 소음만 남는다. 쿵, 콱, 탁.

집에 혼자 남은 나는 아이들에게 말한다. 가족이라도 생각이 다를 수 있어서 대화를 하다가 화를 내기도 한다고. 때론 감정이 상해서 엄마와 아빠가 다투지만, 서로를 사랑하지 않는 것은 아니라고. 그런 상태에서 거리를 두고 다시 생각하기도 하는 거라고. 그러니 너는 고개 숙이고 걷는 아이가 되지 말라고. 부모가 싸운다고 해서 너희를 사랑하지 않는 것은 아니며, 너희 때문에 싸우는 것도 아니라고. 엄마와 아빠가 처음부터 다른 꼴로 생긴 사람들이기에 서로를 받아들이는데 생기는 일종의 마찰음이라고 생각해 달라고. 어려서 내가 듣고 싶었던 말들을 아이들을 안고 주절주절한다. 아이들이 연리목처럼 나를 깊게 끌어안는다.

결국 그와 나도 별개의 수평선이다. 자유의지로 평행을 달리는 부부. 두 수평선은 일치를 거부하고 앞을 보며 달린다. 싸움을 통해 다름을 확인하고 잘잘못을 따지고 말 안 하기로 자존심 대결을 하며, 아이에게 엄마의 잘못은 없고 아빠의 잘못이 크다고 편 가르기를 하는 치사한 어른이 된다. 밥을 차릴 때 남편의 몫은 뺀다. 남편은 더 치사해서 수육을 삶거나 고기를 구워 자기 혼자 잘 차려 먹는다. 나는 더 약이 올라 남편을 기분 나쁘게 만들고 싶어진다. 최악을 줘서 어떻게든 나보다 더 불행하게 만들고 싶어진다. 이 싸움에서 서로를 더 나락으로 보내려고 악을 쓰다가 왜 싸우는지도 모르고 모두 불행을 덮어쓰게 된다.

어려서 부부싸움을 하고 난 엄마에게 엄마가 그냥 지면 안 되냐고, 참으면 안 되냐고 말했던 나를 떠올린다. 고개를 흔든다. 그때 나의 부탁은 너무 어렸다. 그럴 수 없다. 엄마도 그럴 수 없었을 것이다. 내 생생한 감정과 생각이 고스란히 날 것으로 남아 있는데, 싸우지 않기 위해 져주는 것은 나를 부정하는 것이 되니까. 내가 한 결혼이라는 선택에서 자신의 생각을 발언할 기회를 확보하지 못하고, 존중받지 못한다면 '나'의 의미가 사라진 삶이 되고 마니까. 내가 틀렸다고, 나의 잘못이라고 탓하는 선을 향해 숙일 수는 없는 일이다. 나를 냉담하게 밀어내는 선을 향해 다가갈 수는 없는 일이다. 각자의 생각대로 수평을 달리던 싸움, 서로 날이 선 채 평행선을 달리는 싸움. 엄마와 아빠도 아마 그런 싸움이었을 것이다.

좋은 게 좋은 거라고, 싸움이 일어나려는 찰나를 피하며 살았던 나는 달라졌다. 중력의 방향으로 자신을 숙여 다른 수평선으로 향하는 행위를 용감한 희생이라고 생각했던 환상을 버린 지 오래다. 싸움을 피하기 위한 일치는 나의 가치와 생각과 마음을 꺾어 일방적으로 한 선을 지우는 행위일 뿐. 완벽한 합일은 애초부터 우리가 그린 삶이 아니다. 나와 그는 성격도, 싸우는 법도 극과 극이다. 극과 극은 싸움의 빈도가 잦다. 태어난 모습이 다르고 살아온 환경도 다른데 억지로 일치할 수는 없다. 가치관이 비슷하다고 하더라도 매 순간 좋은 것이 좋은 거라고 너의 가치를 전적으로 수용하겠다고 말할 수는 없는 노릇이다. 한 사람의 양보로 싸움을 최소화하라는 조언도 거부한다.

 대신 싸울 때마다 잘 싸우는 법을 배워나간다. 싸워봤자 깊어지는 감정 소모에서 좀 덜 피로해지기로 한다. 시간이 지나 어쩌면 싸움의 달인이 된 우리는 완만한 포물선을 그리며 서로를 향해 다가가고 싶은 마음으로 살지도 모르겠다. 그전까지 나는 자발적으로, 수평을 달리는 사람이다.

모든 것은 한 줄에서 시작한다

"엄마는 어렸을 때, 뭐하는 사람이 되고 싶었어?"
"작가. 글을 쓰는 사람."
"작가? 어렵지 않네. 그냥 쓰면 되잖아. 지금부터 작가 하면 되겠네."
 아들, 글을 쓴다고 작가가 되는 건 아니란다. 내가 쓴 글을 읽어줄 사람이 필요해. 읽을 책이 넘쳐나고 글 잘 쓰는 사람도 많은데 누가 평범한 사람의 글을 읽겠니, 라고 나는 작가가 될 수 없었음을 변명한다. 아이들은 답답하다는 눈빛으로 대꾸한다. '우리가 읽어주면 되잖아. 엄마가 쓴 글을 줘봐.'라고.
 글을 쓰고 책을 내는 데 자격이 필요하다고, 어느 수준의 필력이 필요하다고 생각했던 나는 써놓은 원고가 없었다. 작가가 되고 싶다고 말만 했지, 작가가 되기 위한 가장 기본적인 일, 글쓰기를 하지 않은지 너무 오래였다는 것을 깨달았다. 아, 나는 말만 하고 욕심만 많은 게으름뱅이였구나. 그래서 딱히 불행할 이유가 없는데도 행복하지 않다고 생각했구나. 하고 싶고, 해야 하는 것을 하지 않고 주변만 뱅뱅 돌면서 변명으로 살았구나….
 책을 좋아했다. 좋아했다기보다 익숙했다. 엄마는 돈이 생기면 우리를 데리고 서점으로 가서 책을 사주셨고, 시간이 생기면 우리를 끌어안고 책을 읽어주셨다. 아빠는 직업이 국어교사다 보니 책장 가득 책을 꽂아두셨다. 이야기도, 책도 널린 풍경 속에서 자란 나는 너무 심심하면 아빠의 서재로 숨어 들어가 한국 단편소설들을 읽었다. 어려운 한자는 건너뛰어도 무방했다. 문장이 어려워도 대충 어떤 이야기인지 감을 잡을 수 있었다. 초등학생 여자애가 주변에서 듣지도, 보지도 못했던 이야기가 비밀처럼 펼쳐져 있었다. 익숙하면 만만해지는 법이라 나도 이야기를 곧잘 지어내는 아이로 자랐다.

책은 친구였다. 몹쓸 마음의 아이와 같은 반이 되어 괴로웠을 때, 책은 더 넓은 세상, 다양한 사람이 있다는 것을 보여주며 그런 사람에게 굴복하지 말라고 일러주었다. 결국 시간은 지나가고 그런 사람도 지나갈 거라고. 때론 깊이 아파하며 어른이 될 수 있다는 것을 알려주는 책도 있고, 괴롭힘에서 벗어나기 위해서는 스스로를 지킬 힘을 가져야 한다고 일러주는 책도 있었다. 책은 나보다 한 걸음 먼저 걸어가고 있는 친구였다. 내게 힘내라고 강요하지 않고 때를 기다려 이야기를 들려줌으로써 살아갈 힘을 주었다. 그 시간이 너무 좋아서 글을 쓰고 싶어졌다. 누군가와 나란히 걸을 수 있는, 손잡아 줄 수 있는 다정한 글을 쓰는 사람이 되고 싶었다.

작가가 하나의 직업이 될 수 있다는 것을 알고부터는 돈벌이로서 작가를 염두에 두었다. 글만 쓰면 상을 받으니 팔리는 글을 쓰는 작가가 될 자신도 있었다. 이 모든 열망과 자신감은 고등학교 때까지의 일이었다. 진로 선택의 기로에서 글을 쓰는 것을 배워 밥벌이를 할 수 있겠느냐 라는 부모님의 질문에 나는 두말없이 꼬리를 내렸다. 동네에서는 글 좀 쓴다고 생각했지만 정말 프로로서 빛나는 글, 읽히는 글을 쓸 자신이 없었다. 풍문으로 들은 한국의 명망 있는 작가들이 들인 노력, 인내의 시간을 나도 버틸 수 있을까 의구심이 들었다. 내가 자신 있고 좋아하는 일에서 인정받지 못할까 봐 미리 겁먹었다.

아빠의 조언에 따라 사범대에 들어갔다. 생활을 해낼 여건이 있어야 지치지 않고 글도 쓸 수 있다는 말을 부정할 수 없었다. 그래도 교사보다는 작가가 되고 싶어서 선생님이 되기 위한 준비를 하기보다 신춘문예에 보낼 글을 쓰는 데 열심이었다. 해마다 기대하는 마음으로 원고를 보냈으나 번번이 떨어졌다. 당선되지 못한 글들은 내게도 두 번 읽히지 못하고 운명을 다했다. 열심히 썼지만 독자가 없는 글은 존재의 이유를 잃었다.

방송작가가 된 친구가 있었다. 그를 따라 방송작가가 되겠다고 지도교수님께 말씀드렸더니, 실력을 제대로 갖추지 못한 글은 빼앗기기 일쑤라는 말이 돌아왔다. 내 꿈이 구겨졌다. 자존심도 구겨져서 제대로 글을 안 써서 그렇지, 제대로 쓰면 다르다고 말했다. 뻥이다. 그 말이 허풍이라는 걸 스스로 알아서 더 글을 쏠 수 없었다.

 그래, 일단 밥벌이부터 해결하고 보자. 모두 나보고 전업 작가가 되기 부족하다고 하니, 돈을 벌면서 경험도 쌓고, 글쓰기 내공도 쌓고 생활을 해결하면서 작가가 되어 보자고 결심했다. 기약 없이 등단을 기다리는 것보다 시험을 통과하면 교사라는 직업을 얻을 수 있다는 것이 백만 배 쉬워 보였다. 국어교사가 되면 좋아하는 문학을 곁에 두고 일할 수 있고, 사회 경험을 글로 쓴다면 작가의 꿈에서도 멀어지지 않을 수 있으니까. 존경하는 박완서 작가님도 마흔에 등단하셨는데 마흔 줄에 들면 내 이름으로 책 한 권 낼 수 있지 않을까. 나는 국어교사니까 매일 읽고 공부하니까 때 되면 글을 잘 쓸 수 있겠지, 기대했다. 글 한 편 쓰지 않으면서도 뻔뻔한 소망을 자주 드러냈다. 작가가 꿈이었고 언젠가 책을 출간할 거라고.

 게으름뱅이에게 마흔은 금방 왔다. 천둥벌거숭이 아들 둘을 키우며 처리되지 못한 생각, 감정, 기억을 꺼내어 쓰고 싶어졌다. 글이 되고 싶어 안달이 난 말들이 목구멍까지 차올랐다가 쓰이지 못하고 흩어지는 날들을 참을 수 없을 때가 많았다. 아들의 말대로 일단 쓰면 되는 건데. 이 정도밖에 못 쓰냐는 혹평도 글이 있어야 듣는 건데. 나는 제대로 쓰지 못할까 봐 글을 쓰지 않으며 마흔이 되었다.

 허풍으로 꿈을 떠들어대는 내게서 바람을 슬슬 빼본다. 아이

김선연

들에게도 꿈이 이뤄지는 때가 정해진 것은 아니니 바라는 삶을 유보하지 말고 지금 꾹꾹 눌러쓰라는 당부를 내가 실천하는 모습으로 보여주고 싶다. 그 뒤로는 틈만 나면 썼다. SNS에 일상과 나의 시선을 적었다. 쓸 수밖에 없는 마음이 매일 넘쳐서 자다가도 벌떡 일어나 메모를 했다. 적다보면 그냥 그런 글이 되기도 했지만 계속 썼다. 많은 날들, 아무도 내 글을 읽지 않았다. 어쩌다 응원의 댓글이 달린 날도 있었고 마음을 달뜨게 하는 비밀댓글이 달린 날도 있었다. 감정을 놓치지 않으려고 쓴 일기 같은 글에 출간제의가 들어왔다. 두근거렸지만 아직 책을 낼 실력이 아니라는 생각에 제의를 물리고 계속 썼다. 1년 뒤, 내 글을 읽은 방송작가님이 우리의 삶을 촬영하고 싶다고 제안해 왔다. 촬영 내내 방송 작가님은 내가 글을 쓸 실력과 마음이 충분하니 도전해보라고 응원해주셨다.

내가 사람들과 가장 나누고 싶은 이야기, 시골 생활을 담은 글을 추리고 출간 기획서를 써서 출판사에 보냈다. 메일을 돌리자마자 긍정적인 회신이 왔다. '아, 내 글이 책이 될 수도 있구나.' 나는 속으로 조용히 울며 떨었다. 첫 책을 낸 후 나는 또 삶을 쓰고 싶었다. 그 마음을 놓치지 않고 최근 감동 깊게 읽은 책《새벽 4시 살고 싶은 시간》을 펴낸 책구름 출판사에 투고를 했다. 거기라면 내 이야기를 소중히 들어줄 것 같았다. 예상은 적중했다. 그 결과 엄마와 나, 동생이 주어진 환경 속에서 어떻게 살아내는지, 가족이지만 저마다 다른 꼴로 생긴 여자들이 살아온 삶을 담은 이 책을 쓸 수 있었다.

잔뜩 힘이 들어가 복잡한 마음과 하고 싶은 말들이 난무한 초고에 편집장님이 회신을 보내왔다. 여러 의도와 맥락이 한 글에 혼재하고 있으니 가장 전하고 싶은 이야기에 집중해서 다시 써보자고. 나의 모순된 감정을 끝까지 밀어붙여 거기 뭐가 있는지, 누가 있었는지, 그때 나는 어땠는지 한 번 보자고. 그 이후 살아온 삶을 다시 되돌아 걸으며 빛과 소금 같은 문제에 골몰하고 있다. 내 글이 너무 유치하거나 시시콜콜하다고 느껴질 때도, 할 만큼 했다는 생각이 들 때도 거기서 한 번 더 생각을 밀고 나가보려고 애썼다.

오랜 시간 책이라는 물성을 갖고 싶었다. 처음 작가가 되고 싶다고 말했던 어린 마음에는 서재에 꽂히고 읽히는 책을 가지고 싶은 마음이 컸다. 작가라고 불리는 지금은 책이 주는 의미를 다시 좇는다. 책은 내가 만든 성(城)이다. 주어진 테두리에서 끊임없이 고찰하면서 생각을 더 밀고 나가며 그 사유의 과정을 써서 만든 성. 삶의 가치를 묻고 답을 찾아내며 내가 살아온 과정을 독자와 나누고 질문을 던지고 답하는 순간을 '나의 성'에 담는다.

이 모든 것은 한 줄 삶을 쓰는 것으로 시작한다. 오늘도 아이들을 학교와 유치원에 보내고 조용한 카페로 갔다. '서두를 필요는 없다. 반짝일 필요도 없다. 자기 자신 외에는 아무도 될 필요가 없다.'는 버지니아 울프의 말을 떠올리며 자리에 앉아 창작 노트를 꺼낸다. 앞으로 2시간 동안, 이곳이 나만의 방이 된다. 나만의 평범을 쓰며 성을 만들어가는 사람이 된다.

내가 기대하는 크리스마스 선물

김선연

크리스마스의 불문율이 있다. 울지 않고 의젓하게 생활한 착한 아이에게는 산타할아버지가 선물을 준다는. 나의 비밀스런 선행을 아는, 일면식도 없는 사람이 선물로 보상을 해준다. 크리스마스 아침마다 산타의 선물을 받음으로써 내가 착한 아이라는 정체성을 갖는다. 어린 나는 선물을 확인하는 순간 안도한다. 들뜬 마음으로 성급히 선물 포장을 뜯는다. 가지고 싶은 물건이었다면 최고의 날이 되는 거고 기대에 못 미치는 물건이라면 좌절한다. 내가 그들의 기대만큼 착하지 못했던 건지 의심한다. 원하는 걸 받지 못할 만큼 운이 좋지 않은 사람일까 자책한다. 이 모든 것은 타인이 주는 '선물'에서 비롯된다. 아이들이 말을 잘 듣게 하기 위한 당근이자 은근한 협박이다.

언제인지 모르겠지만 친구들은 산타클로스가 북유럽 어디에 사는 흰 수염을 드리운 배 나온 할아버지가 아니라 부모라고 말했다. 안 자고 봤더니 엄마가 선물을 두고 나가더란 증언이 여기저기서 나왔다. 카드에 쓰인 글씨도 자기 엄마 글씨랑 똑같다고. 누군가 흘린 의심의 씨앗은 마음에 심어져 크리스마스 날 우리를 잠든 척하게 했다. 아니나 다를까. 엄마가 허겁지

겁 옷을 입고 나갔다.

"일어나봐, 산타클로스는 엄마였어." 동생들을 깨웠다. "그렇구나, 엄마여서 우리들 선물을 항상 작은 걸로 사 줬나 봐. 세 명 것을 다 사려면 돈이 많이 드니까." 둘째가 말했다. "나는 계속 산타클로스가 있다고 믿을 거야. 엄마가 산타였다고 말하면 선물 더 이상 못 받을 것 같아." 막내가 말했다. 우리는 어둠 속에 가만히 앉아 거실 구석에 놓아둔 앙증맞은 크리스마스트리를 바라봤다. 트리의 크기가 우리 가족이 부릴 수 있는 사치의 크기 같았다. 어른 팔뚝만 한 사이즈의 트리에 우리의 욕심을 닮은 장식품이 잔뜩 달려 있었다. "자는 척하자. 이제 엄마가 오실 거야." 우리 셋은 다시 반듯하게 누워 거실 천장을 바라보았다. 자정이 되기 직전이었다.

엄마는 금방 돌아왔다. 알 수 없는 실망감이 알싸하게 퍼졌다. 우리는 눈을 꼭 감았다. 바깥 공기를 몰고 온 엄마가 움직일 때마다 차갑고 선선한 공기가 따라 움직였다. 눈을 감아도 엄마의 움직임을 느낄 수 있었다.

엄마는 부엌 구석에 앉아 주섬주섬 사 온 것을 포장했다. 익숙한 바스락 소리가 선물이 무엇인지 설명해주었다. '설마 과자는 아니겠지?' 재빠르게 포장을 끝낸 엄마가 우리들의 양말에 그 선물을 쑤셔 넣는 소리가 났다. 집에서 가까운 곳에서 사고, 양말에 들어갈 정도의 선물이라면 분명 별 것 아니라는 실망감이 산타가 엄마로 판명되었다는 사실보다 곱절은 컸다. 썰매를 타고 오는 산타였다면 돈에 구애받지 않고 값비싼 선물을 줄 수도 있었을 텐데. 엄마 돈이 아니니까 비싼 선물을 받아도 돈 걱정 따위 하지 않고 좋아만 할 수 있었을 텐데.

 양말에 들어간 선물은 예쁘게 포장된 초코바, 빵, 사탕 같은 것들이었다. 하나도 기쁘지 않았다. 우리는 산타가 엄마인 걸 알면서 이런 걸 선물로 주냐고 투정을 부렸다. 크고 좋은 선물을 받고 싶은 마음을 대놓고 흘렸다. 내년엔 희소성 있는 선물을 받고 싶다고. 그러나 그날 이후로 엄마는 크리스마스 선물을 사러 밤늦게 나가는 산타 역할을 그만두었다. 나는 초등학교 6학년이 되었고 과자 같은 선물을 받으니 안 받는 게 낫다고 생각하는 학생이 되어 있었다. 시간이 한참 흘러 크리스마스의 산타클로스 따위 상술이 만들어낸 허상이라고 자조하면서도 어린 아들들이 실망할까 봐, 원하는 선물을 미리 사놓고 크리스마스를 기다리는 엄마가 되었다.

 크리스마스이브, 아이들은 들떠서 쉽사리 잠을 자지 못했다. 들락날락하며 선물이 놓였는지 수십 번도 더 확인했다. 여름부터 기다린 크리스마스 선물이었다. 겨우 재우고 아이들 머리맡에 선물을 두었다. 아이들은 선물 포장을 뜯으며 산타할아버지는 어떻게 매번 자기들이 원하는 것을 딱 알고 선물을 주는 건지 신기해했다.

그 모습을 바라보던 엄마가 너희는 크리스마스 때마다 값비싼 선물을 턱턱 받아서 좋겠다고 말했다. 아이들은 들뜬 목소리로 물었다. 할머니도 어렸을 땐 선물을 받지 않았냐고. 나의 엄마는 너무 가난해서 산타할아버지가 찾지 않는 곳에 살았다고, 아무리 착하게 살아도 깜빡 잊었는지 선물을 주지 않았다고 답했다. 그 시절은 그런 아이들이 많았다고, 거의 다였다고. 엄마 목소리에 쓸쓸함이 묻어났다고 여긴 건 나의 착각일까? 아이들은 나에게도 산타할아버지에게 선물을 받은 적 있냐고 물었다. 필통, 동전 지갑, 연필, 과자. 내가 받은 것들을 이야기해주었다. 언제나 받고 싶었던 것은 광고에 나오는 웅장한 인형의 집 같은 것이었는데. 내 목소리에도 쓸쓸함이 묻어났다.

  엄마는 아이들이 없을 때 고백하듯 말했다. 아빠는 꼭 그런 날, 누구나 꺼리는 당직을 도맡아 하느라 출근해서 엄마 혼자 우리를 챙겨야 했다고. 시간은 어찌나 빨리 가는지 매번 미리 사놓아야지 했는데 정신 차려보면 크리스마스가 코앞에 닥쳐 있었다고. 얼른 아이를 재우고 선물을 사러 가야 하는데 우리는 크리스마스라고 설레서 더 안 잤다고. 뒤늦게 선물을 사러 나가면 이미 문방구나 완구점은 문을 닫았고 가장 늦게까지 영업했던 동네 슈퍼에서 겨우겨우 뭐라도 샀다고. 번듯한 선물 가게도 없었던 시골에서 뭐라도 사서 아이들 마음 안 상하게 하려고 아등바등하느라 크리스마스가 힘들었다고. 그나마 제일 이

뻔 걸 고르고 골라서 고이 잠든 우리 머리맡에 놓아두었다고.

오, 나의 산타. 나의 영원한 산타. 산타할아버지의 선물을 한 번도 받지 못하고 자라서 세 아이의 산타가 된 엄마. 본인은 한 번도 받아보지 못했지만 아이들에게는 뭐라도 해주고 싶었을 엄마. 결핍을 물려주고 싶지 않아서 기를 쓰고 우리를 보살폈을 엄마. 자신을 위한 선물 대신 아이를 위한 선물을 사는데 급급했을 엄마. 부모니까 아이들을 챙겨야 하는 것이 당연하다고, 아이들에게 대가를 바라지 않아야 된다고 생각했을 엄마. 너무 지쳐 누군가 자신을 챙겨주었으면 하는 마음을 일부러 외면하는 날이면 마음이 사방천지로 널을 뛰었을 엄마. 감정의 기복이 심한 날이면 누군가에게 챙김을 받고 싶어서임을 모르고 성숙하지 못한 자신을 탓했을 엄마.

나도 미처 몰랐다. 어른이 된다고 완성된 삶과 안정된 정서를 가지게 되는 게 아니라는 것을. 결혼을 해도, 부모가 되어도, 노인이 되어도 절로 성숙해지는 것은 아니라는 것을. 챙김 받지 못해도 서운해 하지 않으며 아랫사람에게 베푸는 마음을 가지게 되는 것도 아니라는 것을. 한 인간이 다양한 감정 자락을 지니고, 나라는 개인을 탐험하며 살아갈 뿐이라는 것을. 그저 엄마도 여느 사람처럼 한 인간일 뿐이라는 것을. 몰랐기 때문에 엄마는 어른이니까 마땅히 사랑을 주고 또 주어야 한다고 생각했으리라. 엄마의 사랑 보따리는 더없이 커서 우리에게 이해와 사랑을 퍼주어야 한다고 생각하면서. 그것이 엄마의 의무라고 생각했기에 엄마가 주는 사랑이 부족하다고 탓하면서 그 사랑을 엄마의 최선이라고 생각하지 않고 더 줄 수 있어야, 다 줄 수 있어야 부모라고 마음대로 정해 버렸다.

엄마도 매일 갈구했을 것이다. 일 년에 한 번이라도 있는 그대로의 자신을 사랑해주는 사람과 함께할 수 있기를. 지칠 때 맘 편히 쉴 수 있는 시간과 장소를 가지기를. 그러나 그 누구도 그동안 충분히 수고했으니 오늘만이라도 좀 쉬라고 말해주지 않았던 성탄의 밤. 일 하느라 고단했던 엄마가 집으로 와서도 끊임없이 챙겨야 할 것들 투성이였을 성탄의 밤을 떠올린다. 추운 밤을 내달리며 어떻게 해서라도 뭐라도 사 왔던 엄마. 파티와 축복이 넘치는 밤에 홀로 아이들 머리맡에 선물을 놔두고 어둔 밤 가만히 앉아 외로움을 삭혔을 엄마. 챙겨야할 것들이 너무 많아 스스로를 챙길 여력이 없었을 엄마, 가련한 나의 산타.

이제 크리스마스 때마다 나는 엄마의 산타클로스가 되기로 마음먹는다. 어른이 된 내가, 따스함과 호의가 없는 세상에선 아무리 강한 어른이라도 버틸 수 없음을 알게 된 내가, 나의 영원한 산타의 산타가 되련다. 그리하여 살면서 변변찮은 선물 하나 못 받으며 어른이 되었을 그녀의 머리맡에 작은 선물 꾸러미 하나 놓으련다.

일흔의 할머니가 된 엄마의 마음속 어린아이는 그 선물을 받고 멋쩍게 웃겠지. 어른이 되어도 누군가 챙겨주는 것은 따스한 일이니, 나의 영원한 산타는 내심 좋아하며 선물을 풀어보겠지. 어린 손자들과 함께 선물을 풀며 실용적이거나 때때로 귀엽지만 쓸모없는 선물을 마주하며 기쁘기도 하고 실망도 하면서. 무엇이 되었든 선물을 받는다는 것은 그 사람의 마음속에 내가 머물고 있다는 것이니까. 챙김을 받는다는 것은 숨 가쁜 세상에서 선물을 받을 만큼 꽤 괜찮게 살아왔다는 인정이므로. 나는 엄마가 좋아하는 모습을 보면서 어렸을 적 엄마를 기쁘게 해주려고 애썼던 나를 떠올리리라. 그저 엄마가 좋아해 줬으면. 그 좋아하는 모습을 보는 것이 나의 크리스마스 선물이 될 것이므로.

시골은 왜 나를 불렀을까

　나는 시골에서 나고 자랐다. 어디로 눈을 돌리든 나무와 풀과 하늘이 있었다. 그 풍경은 아름답다고 평가하기에는 부족했다. 자연의 거침없는 무성함은 오히려 촌스러웠다. 어김없이 때가 되면 비슷한 풍경으로 변하는 농촌 소도시는 새로울 것이 없었다. 농촌의 권태가 견딜 수 없을 정도로 지겨웠다. 드문드문 가로등이 어둠을 밝히려 애썼지만 어둠의 힘이 강해 시선을 발밑으로 두고 걸어야만 했다. 시선을 멀리 두면 그 앞에는 칠흑 같은 어둠만 있을 뿐이었다. 그 어두움이 무섭거나 두렵지 않았나. 그 너머에도 특별할 것이 없음을 알았기에.

　낡은 가로등 불빛을 향해 망설임 없이 날아드는 나방과 벌레들이 멋있어 보였다. 나에게도 저렇게 목숨을 걸고 달려들 뭔가가 있다면. 권태로움은 나를 무기력하게 만들었고 지치게 했다. "권태, 권태로부터의 탈출!" 나는 자전거를 타고 시내를 누비며 부르짖었다. 권태에 젖지 않으려고. 아직 그 열정의 대상을 모르지만 어떤 목표를 향해 달려들고 싶었다.

　도시에서 오래 일했다. 도시 생활은 삶의 척도를 바꾸어 놓았다. 돈, 돈이 중요했다. 인구밀도가 높은 도시에 살면서 문화생활이란 것에 점만 좀 찍어보려고 해도, 생활을 유지하는 것만 해도 돈이 들었다. 들숨에 돈 걱정, 날숨에 피곤이 묻어나는 생활이었다. 시골에서는 돈이 별로 없어도 가난이 티가 나지 않았는데, 도시에서는 돈이 없으면 어떤 식으로든 궁핍이 묻어났다. 그걸 숨기고 싶었다. 200만 원도 안 되는 월급을 쪼개고 쪼개서 옷과 가방같이 겉으로 보여지는 것부터 지출했다. 조금이라도 아껴서 돈을 모아야 소중한 사람들을 지킬 수도 있고, 때론 베풀기도 하면서 살 수 있다는 말을 선배들로부터 자주 들었다. 돈은 내가 일한 만큼의 대가이자 내 능력의 소산이기도 했다. 빤한 직업으로 벌 수 있는 돈은 한정적이었으므로 돈을 소유하려면 뭐라도 해야 했다. 능력도 키우고, 일도 많이 하고, 재테크도 하고. 권태가 붙을 틈이 없었다.

　콩나물시루의 콩나물처럼 부대끼며 사는 동안, 마음은 화력이 센 불에 올려두고 깜빡한 뚝배기의 된장찌개처럼 늘 쫄여 있었다. 내가 노력하는 만큼, 시간을 투자하는 만큼 성장한다는 신화를 믿었다. 인정받으면 기뻤고 더 열심히 해서 나의 쓸모를 증명하고 싶었다. 쉬는 동안에도 능력을 키우고 성장의 시간을 다져야 한다는 생각에 습관적으로 자기 계발을 했다. 내가 원하는 것인지 아닌지도 모르고, 어디에 필요한지도 모르고. 가만히 생각할 틈도 사치라고 생각할 만큼 나는 초조했다. 끊임없이 남들이 배우는 것을 따라 배우며 내 마음의 소리는 잊어갔다.

스스로를 쪼는 것도 모자라 타인의 삶을 너그럽게 보는 법도 잊어갔다. 종종 어처구니없는 이유로 화가 났다. 나도 이만큼 했으니 같이 일하는 당신도 이 정도는 해야 하지 않겠냐는 내색을 숨기지 않았다. 누군가 일을 떠넘기는 것 같을 때마다 언짢음을 드러냈다. 주어진 업무 외에 누군가 떠넘긴 업무, 누구도 알아주지 않는 자잘하고 번잡한 업무에 시간과 마음을 쏟을 때면 손해 보는 기분에 휩싸였다. 이 시간에 나는 더 자기 발전을 해야 한다고 종종거렸다. 보통의 삶을 유지하는 것도, 남들만큼 사는 것도 숨이 찼다.

  삶의 환경을 바꾸고 싶었다. 쫄아든 내 마음을 스스로 감당하기 어려웠고, 쪼그라든 내 마음을 어떻게 펴야 할지 몰라서였다. 나는 그것을 도피라고 이름 붙이는 것에 강한 저항감을 느낀다. 그저 자연으로 들어가 쉬면서 건강한 마음을 회복하고 싶었다. 열렬히. 쪼그라든 마음, 구겨진 자존감이 펴진다고 새것처럼 말끔해지는 것은 아니겠지만 충만한 생명력으로 그것들을 쫙쫙 펴내고 싶었다. 나를 빨래하듯 빨아서 쨍한 햇볕 아래 말리고 싶었다. 건조기 따위로 재빨리 해결해줄 수 있는 일이 아니었다. 뜨거운 태양 아래, 서서히 마를 수 있는 충분한 시간이 있어야 했다. 태고부터 있었던 진짜가 필요했다.

  떠났던 시골로 다시 내려왔다. 한시적 귀촌이었다. 돌아온 고향은 내가 떠난 20여 년 동안 변화를 비켜나 있었다. 여전히 권태로웠다. 자고 일어나면 없던 건물과 제도가 생겨서 보고 듣는 것만으로 숨 가빴던 나는, 그 자리에 눈시울이 붉어진 채로 섰다. 오래된 골목과 건물, 너른 논밭 사이사이. 별다른 변화가 없는 곳에서 별일 없는 하루가 반복됐다. 나에게 말을 거는 이는 오직 나뿐이었다. 비로소 내 목소리가 들렸다. '안녕, 너는 달라지고 싶구나. 너의 열심을 알아달라고 티 내지 않고, 타인의 삶도 함부로 재단하지 않으며 살고 싶구나.' 그 목소리를 알아차리며 눈물을 삼켰다. 목소리는 그동안 계속 나에게 말을 걸었으나 나는 번잡함에 휘둘리며 사느라 못 듣고 있었다고 답했다. 누구나 살면서 자신의 목소리를 만나고 싶을 때가 있는데 지금 내가 그때라고 울며 답했다.

날마다 권태로움을 가로지르며 걷는다. 지금 나에겐 사사롭고 시시한 아름다움을 발견할 여유가 있다. 날마다 풀과 꽃과 나무들이 가진 비밀스러움을 발견한다. 봄은 오지 않을 것처럼 마른 풍경에 오래 머물며 꼼짝도 안 하고 숨을 고르더니 순식간에 생명을 피워냈다. 여름의 절정 속, 작열하는 태양을 이겨내고 하루하루를 살아냈다. 그렇게 생명은 오로지 자기만의 생을 있는 힘껏 살다가 가을을 맞이했다. 그 과정을 지켜보고 있노라면 충실히 산 생명은 어떻게 충분히 쉬는지도 비로소 알 것 같았다. 가을 잎은 힘을 빼고 툭, 툭 모든 것을 떨어뜨렸다. 미련이 없었다. 스치는 바람에 후두둑 떨어져 바람 따라가는 나뭇잎들을 보고 있노라면 내 몸의 필요 없는 힘도 저절로 빠져나갔다. 거친 나뭇가지가 모두 드러나면 숨을 고르며 나무는 잠이 들었다. 그런 나무를 보며 모든 것을 내려놓는 일이 자연스럽고 지극히 편안한 일임을 배웠다.

  시골에서 사시사철을 보내며 남들만큼 살기 위해 애썼던 날들을 떨궈내고 있다. 수모 속에서도 자존감을 잃지 않으려고 애썼던 나. 괜찮은 척하느라 애써 다양한 생각과 감정을 무디게 만들었던 나. 내가 바라는 삶이 무엇인지도 모르고 남들처럼 누리고 살기 위해 버둥거렸던 나. 그래 봤기 때문에 이렇게 쉴 수 있었던 거겠지. 내 목소리를 찾으러 떠나와 겨울처럼 숨을 고르고 있는 거겠지.

배움의 목적

김선연

"왜 공부해야 해요?"
"어, 일단 지금 네 숙제부터 하고 엄마가 답해줄게."

남들이 시키는 만큼은 아니더라도 습관은 잡아주자 싶어서 아이들과 하루 1장 학습지를 푼다. 그래봤자 숫자쓰기, 한글쓰기 한 장인데도 아이들은 한숨을 푹푹 쉰다. 그리고 묻는다. 왜 공부를 해야 하느냐고. 교사로서 해줄 말이 한두 가지가 아니지만, 막상 말문이 막힌다.

나도 공부에 뛰어난 재능은 없었던 학생이었다. 학창시절 공부로 인정을 받지 못했다는 건 알게 모르게 열등감 한 조각이 되어 깊이 박혔다. 다른 것을 잘하면 되었을 텐데. 왼발은 공부의 영역에 슬며시 들여 놓고, 오른발은 다른 쪽을 저울질했다. 공부만 잘 하면 인정과 애정을 받을 수 있었던 영역. 그 안에서 성적만 좋으면 먹고 사는 것도 해결되고, 많은 것들이 보장된다고 격려를 받았던 시절. 그러나 도무지 자신이 없었다.

자신이 없었기에 외면했던 걸까. 학교에 다니면서 공부를 해야 하는 이유를 나에게 수시로 물었지만 답을 찾지 못했다. 학교로 출근을 하는 선생이 되어서도 마찬가지였다.

"자기 앞으로 10년 동안 공부 많이 해야겠다. 무슨 일인지 모르겠지만 운명이 바뀔만한 일이 그때 들어온다네."

"어떤 일인데요? 좋은 일이에요, 나쁜 일이에요?"

"그런 건 나도 모르지. 그런데 삶의 흐름이 바뀔 만한 운이 들어오니까 좋은 일이든, 나쁜 일이든 휘둘리지 않으려면 나를 지키는 공부를 해야 해."

30대 초반 때, 동료 선생님이 사주를 봐준 적이 있다. 나를 지키는 공부…. 나는 그 말을 찬찬히 되새겼다. 사주풀이가 끝나고도 웬일인지 그 말이 마음에 박혀 사라지지 않았다. 그 뒤로 몇 년이 흘렀다. 너무 용해서 사주 봐달라고 말하기가 겁날 정도라는 다른 선생님을 만났다. 과거의 이사 이력부터 부모님과의 껄끄러운 일까지 다 맞춘다고 소문이 났다. 그는 휴대폰 앱에 생년월일을 입력한 뒤 나온 괘를 보며 풀이를 시작했다.

"공부 운이 없네."

"사주 볼 때마다 그러더라구요. 용케도 관운 한 번 딱 들어왔을 때 시험에 합격했다고."

"그닥 공부를 좋아하지 않고 공부와 인연이 깊은 사주는 아닌데 선생님이 되었어. 의외다. 선생님은 내가 만난 사람 중에 손가락에 꼽을 정도로 시험 문제도 잘 내고 수업도 잘 하던데."

"공부 운이 없다고 해서 더 열심히 했어요."

"내년에 인생을 바꿀 만한 일이 생길 것 같은데. 뭐지? 교사

인생이 빤한데 이렇게 운이 바뀔 수 있다고? 재물운도 같이 들어오는데? 뭘까? 교사 인생에 그런 일이…."

불현 듯, 잊고 있었던 10년 전의 사주풀이가 다시 떠올랐다. 언젠가 올 '운'을 내 편으로 만들고 싶어 공부를 했던 시간이었다. 그동안 내가 해온 것은 책을 읽고, 강의를 듣고, 글을 쓰는 일이었다. 그게 어떻게 나를 구원해줄지, 어떻게 써먹으면 도움이 될지는 알 수 없었지만, 배움의 기회가 오면 일단은 해보겠다고 했다. 마치 난생 처음 공부를 하는 사람처럼. 그리고 작년이 사주에서 말한 10년 째 되는 해였다.

내 운명을 헤집을만한 일이 있었던가? 다만 내가 행동한 것들은 있었다. 사랑하는 사람이 갑자기 떠날까 봐, 그래서 마음을 전하지 못할까 봐 두려웠던 마음을 불안으로만 두지 않고 표현했던 것. 타인을 탓하는 대신 내 삶을 돌아보았던 것. 고전을 읽고 문장의 의미를 가만히 헤아려 보았던 것, 모르는 것은 모른다고 말하면서 배우면 된다고 편하게 마음먹은 것. 쓰다 보니 알겠다. 운명이 바뀌었음을. 나를 혐오하고 숨기기 급급한 마음에서 벗어났으니, 내가 내 삶의 주인이 되었으니, 이것이 대운이 아니면 뭐겠는가.

첫째 아이가 수 가르기와 모으기 문제집 1장을 풀었다. 둘째는 숫자쓰기 1장과 이름쓰기 1장을 해냈다. 오늘 치를 끝낸 아이들은 더는 공부의 이유를 묻지 않았다. 공부를 왜 해야 하는

김선연

지가 정말로 궁금하지는 않았을 것이다. 공부를 하기 싫은 마음의 반증이었겠지. 그러나 나는 좀 더 이야기를 이어가고 싶다. "엄마가 공부를 왜 해야 하는지 말해줄게." 벌써 방바닥에 벌러덩 누운 아이들에게 말을 걸었다. 멋있게 말해주고픈 욕망이 솟구친다. 그래서 저 심드렁한 눈빛을 걷어치우고, 반짝반짝한 눈빛으로 바꾸고 싶다!

"공부는 나를 알아가기 위해 하는 거야. 내가 무엇을 좋아하는지, 어떤 삶을 살아가고 싶은지 알기 위해서, 또 그 방향으로 힘쓰기 위해서."

아, 역시. 말로 뱉고 보니 너무 평범하고 붕 뜬 말이 되고 만다. 아이들도 듣는 둥 마는 둥이었다. 나를 알아가기 위한 공부. 그래도 내 마음에는 와 닿았다. 아이들 옆에 누워 아무렇게나 쌓여 있는 책 중 한 권을 펼쳐들었다. 오늘 치 나의 배움을 채우기 위해서.

한 웅큼의 시간과 마음으로

김선연

친구에게 오해를 산 게 속상해서 눈물을 흘리고, 그것 때문에 마음이 약하다고 놀림을 받았다는 큰아이의 하소연이 이어졌다. 같은 상황에서 둘째는 곧잘 툭툭 털고 괜찮아지는데, 첫째는 이런 갈등에 깊이 아파하고 오래 생각했다. 큰아이가 학교에서 풀지 못하고 가져오는 문제들은 아이만한 시절 내가 품고 있던 어려움이었다. 그러자니 지금 아이에게 닥친 숙제가 곧 내 숙제였다.

나와 비슷한 아이가 나와 비슷한 상황에서 힘들어할 때, 정말 아이에게 뭐라고 말해야 할지 모르겠어서 타인의 조언에 기대곤 했다. 그러던 어느 날, 조언을 구하는 과정에서 아이에게 벌어진 사건과 다르게 내 의견을 덧붙이고 왜곡하며, 아이를 평가하고 있었음을 알았다. 아이와 내가 서로 다른 개별 존재라는 걸 알면서도 도무지 멈출 수 없었다. 내가 껴안아야 하는 것은 아이만이 아니었다. 나의 두려움이 나락으로 떨어지지 않게, 쓸데없이 예민해지지 않게, 마음의 잡음을 가라앉혀야 했다. 지금은 조언을 기대하는 대신 아이와 나를 동시에 가만히 안아주는 상상을 한다. 그리고 그때마다 흥얼거리는 노래, "우리 선후는 예뻐요, 우리 선후는 예뻐요, 예뻐요…" 나와 아들을 바라보던 엄마가 물었다.

"무슨 노래야?"

"그냥. 선후 뱃속에 있을 때부터 나도 모르게 부르던 노래."

"그거 엄마가 만든 노래야. 너희들 키우면서 불렀던 걸 기억하고 있었구나!"

엄마로 살면서 힘들 때, 아이들 재울 때, 행복할 때마다 나도 모르게 흥얼거렸던 노래가 엄마의 노래였다니. 어디서 들었는지, 누가 가르쳐주었는지도 알 수 없는 노래, 아이를 임신했을 때부터 줄곧 흥얼거리던 노래가 내 엄마의 노래였다니. 아기였던 나는 어떻게, 어디에 이 노래를 품고 있었을까? 어디에다 이 노래를 간직하고 있다가 수십 년이 흐른 뒤 그때의 나만한 아이에게 저절로 불러주게 되었을까? 노래 부르는 걸 너무 싫어하던 내가 유일하게 부르는 것이 엄마에게 저작권이 있는 곡이라는 게 놀라울 따름이었다. 아이의 속상함도 어느새 사라졌나 보다. 자기는 이 노래가 그냥, 마냥 좋았단다.

매일 밤 잠들기 전, 두 아이의 다리에 오일을 발라 마사지를 해준다. 첫째 아이의 다리는 좀 단단하고 긴 꼬챙이 같고, 둘째는 아주 단단하고 짜리몽땅한 나무 같다. 형과 아우의 발을 차례로 문지르며 다정한 말을 건네는 하루의 마지막 시간. 이 때만큼은 흔하디 흔한 사랑의 말도, 엄마가 되어 행복하다는 나의 고백도 농도가 달라진다. 둘째의 발바닥을 조물딱 조물딱 매만진다. 녀석이 까르르 숨넘어가게 웃으며 작은 몸을 위아래로 튕기듯 팔딱거린다.

"엄마는 이렇게 기분이 좋아지는 법을 어디서 배웠어?"

"할머니한테 배웠겠지. 엄마의 엄마니까. 엄마는 할머니한테 예쁜 말도 다 배운 거잖아. 엄마가 예쁘게 커서 우리처럼 예쁜 아이들을 낳은 거잖아."

동생의 질문에 첫째의 제법 진지한 대답을 듣는 순간, 아득해졌다. 그렇구나. 엄마한테 배운 거였구나. 지나치게 낯가림이 심해서 낯선 곳에 가는 순간 배가 아팠던 나, 거기서 곧바로 회복하지 못하는 나를 위해 엄마가 매일 밤 어떤 수고를 했는지도 떠올랐다. 아무리 지친 날이라도 엄마는 꼭 동화책을 읽어주셨다. 엄마의 맑고 따뜻한 목소리는 어두운 밤의 불안마저 잠재워주었다. 오일 마사지도 엄마에게 배웠다. 엄마는 성장통 때문에 밤마다 아팠던 내 다리를 정성껏 주물러 주셨다. 가족 모임으로 등산을 갔던 어느 날, 등산이 힘들어서라기보다 낯선 상황이 싫어서 배가 아프다고 심술을 부렸다. 엄마는 이유를 알면서도 등산을 멈추고 집으로 데려와 주셨다.

친구들에게 '생리'라는 말을 처음 들은 날도 떠오른다. 엄마에게 나도 생리를 하는 것 같다고 말했다. 빨간 혈흔 자국이 없는 내 속옷을 엄마는 보았다. 그러나 거짓말했다고, 내가 잘못

안 거라고 혼내는 대신 "숙녀가 곧 되겠네."라며 아주 예쁜 투피스를 선물해주셨다. 나중에 진짜로 첫 생리를 했을 때 불쾌함과 당황스러움 없이 받아들일 수 있었던 건 그날 엄마의 축하 덕분이었을 것이다. 친구들과 관계 맺는 게 어려웠던 나에게 엄마가 선택한 사랑의 매개체는 도시락이었다. 다정한 쪽지와 함께 색색의 콩들이 하얀 쌀밥 위에 하트로 수놓아져 있었다. 완두콩, 강낭콩, 흰콩으로 그려진 사랑을 고등학교 졸업하는 날까지 점심, 저녁 도시락마다 빠짐없이 누렸다.

  그 많은 사랑을 사랑인줄 모르고 당연하게 받아먹었던 나는 엄마가 나에게 바늘 같은 상처하나 줄라치면, 어떻게 엄마가 딸한테 그러냐고 척을 지고 대들었다. 부모라면 나를 있는 그대로 사랑해줘야 하는 것 아니냐고 따지며 엄마 마음에 생채기를 냈다. 이런 내가 속상해서 엄마는 분명 울면서 잠이 들었는데, 다음 날이면 아무 일 없었다는 듯 평소와 같은 씩씩한 목소리로 말을 걸었다. 내가 마음을 상하게 했다고 화내지 않는 엄마가 있음에 안도하며, 먹고 자고 학교를 다녔다. 그것만으로 충분히 축복받은 유년이었다.

  이걸 부모가 되고 나서도 한참 뒤에야 알았다. 더 많은 풍요 속에, 충분한 지지 속에 자란 또래들의 이야기를 들으며 남몰래 부러워했다. 내 기억 속 상처들을 부풀리며 자기 연민에 빠졌다. 어른이 되어서는 내가 못 받고, 못 가진 것을 내 아이들에게 주겠다고 다짐했다. 첫 아이를 임신하기 전부터 손에 잡히는 대로 부모교육에 관한 책을 읽었다. 그런데 책을 통해 배운 부모의 사랑은 흐트러지는 감정을 모아주는 역할 정도였다. 아이의 눈을 바라보며 마음을 읽어주는 태도, 아이가 지쳐있을 때 잔소리 대신 건네는 따뜻한 밥상, 주말마다 함께한 요리와 산책과 여행들…. 내가 삶의 배경으로 가지고 향유했던 온기 있는 유년의 풍경은 모두 엄마의 노력으로 탄생한 것들이었다. 가진 것 없고, 먹고 살기 바쁜 시절에 엄마가 자식에게 줄 수 있었던 최선들, 자기가 알고 있는 세상에서 가장 귀한 것들을 엄마는 나에게 주셨다. 부모가 갖추어야 할 가장 기본적인 것들은 엄마로부터 이미 익혀왔던 것이다.

25킬로그램이 넘는 여섯 살 둘째가 업어달라고 할 때마다 떠오르는 장면이 있다. 스물다섯 살 때, 부모님과 동네 뒷산을 올랐다. 비가 온 다음 날이라 산길이 유난히 미끄러웠다. 나무둥치를 잘못 밟은 나는 그대로 나자빠지면서 발목을 심하게 접질렸다. 등산로 가까이 차를 가져오려고 아빠가 먼저 내려갔고, 엄마는 가녀린 등을 내 앞에 내밀었다. 나는 172센티미터에 60킬로그램의 건장한 젊은이, 엄마는 158센티미터에 48킬로그램의 아담한 중년이었다. 통증이 너무 심해 서지도 못했던 나는 망설이다 엄마에게 업혔다. 엄마는 이 정도쯤은 아무렇지도 않다며 명랑하게 웃었다. 신중하게 발을 내딛을 때마다 바들바들

떠는 엄마의 근육이 내 복부와 가슴으로 전해져왔다. 엄마의 헉헉대는 숨소리와, 숨 쉴 때 들어오는 공기마저 최소화하려는 나의 숨소리가 뒤엉켰다. 산 밑에 주차된 차에 나를 앉히는 마지막 순간까지도 엄마의 몸짓은 세심하고 조심스러웠다. 가만가만 소중히. 나는 아무리 부족해도 엄마에게 꽃송이였고, 별이었고, 반짝이는 냇물이었다.

이제 나는 내 나이 때 엄마의 모습을 더하지도 덜어 내지도 않고 바라본다. 깡마르고 예민해서 기력이 없었지만, 어떻게든 명랑하고 씩씩하게 하루하루를 살아내려 애썼던 여자, 우리 엄마. 나는 그런 엄마에게서 배운 사랑으로 두 남자 아이를 기른다. 나의 첫 번째 유년 시절의 세상은 무섭고 불편하기만 했는데, 이제 그 나이 무렵의 두 아이와 놀년서 치유를 받는다.

오늘도 아이들과 뛰어 놀고 들어와서 뒹굴거린다. 게으른 척 가만히 앉아 있다가 일흔을 앞둔 엄마가 차려주는 밥상 앞에 앉는다. 아들들과 똑같은 여덟 살, 여섯 살의 마음으로 엄마의 밥과 반찬을 넙죽넙죽 받아먹는다. 가끔 모두가 잠든 밤, 엄마가 아궁이에 불쏘시개로 쓰려고 내놓았던 엄마의 글을 꺼내 본다. 재로 사라질 수도 있었던 엄마의 시간들을 안고와 상자에 담아두었던 것은 살면서 내가 가장 잘 한 일 중 하나이다. 그것이 씨앗이 되어 엄마의 글이, 이 책이 쓰여지고 있다.

엄마의 글을 읽을 때면 나는 감당할 수 없는 깊은 슬픔과 외로움에 몸서리 처진다. 엄마라서, 엄마만이 가질 수 있는 삶의 역사를 서글퍼하고 애달파하며. 그런 밤이면 삶은 어쩌면 가장 가까우면서도 가장 먼 타인을 받아들이려고 노력하는 여정이 아닐까 생각한다. 살아낼수록 모르는 것투성이 속에서 나는 엄마를 이해하려고 한 웅큼의 시간과 마음 꺼내어 글을 쓴다. 그 마음이 내가 아는 가장 진한 사랑이라고 생각하면서.

밥심으로 삽니다

　하루의 가장 중요한 일은 제때 밥을 먹는 것이다. 20대 자취생일 때도 시장에서 식재료를 사서 정성껏 집밥을 해먹었다. 대학에서 학술 답사나 엠티를 가도 내게 로맨스와 주정 따위 없었다. 동기, 선배들이 술을 진탕 마시고 놀 때, 나는 일찍 잠자리에 들었고, 아침 일찍 일어나 그들의 밥을 하고 해장국을 끓여냈다. 술이 덜 깬 싸가지 후배가 이렇게 중얼거렸다.
　"뭐야, 밥 따위가 뭐라고. 속도 안 좋은데 아침부터 밥 먹으라고 깨우고 그래. 선배가 뭐 내 엄마인가?"
　앙탈부리듯 북엇국을 한 숟가락 뜬 후배가 정신 못 차리고 먹어치웠다. 밥 따위 라고 했던 표정은 오간 데 없이 허겁지겁 숟가락을 입으로 퍼 나를 때마다 그녀의 얼굴이 풀리는 것이 보였다.
　내 엄마도 밥에 목숨을 걸었다. 일하고 애 셋 키운다고 바쁜 와중에도 밥상 차리는 것에 정말 진심이었다. 40여 년 전, 쇠고기 다시다와 미원이 식탁의 혁명처럼 자리 잡고 있을 때도 엄마는 육수를 내서 자연의 맛을 살리고, 유기농을 따져가며 장을 봤다. 살림이 넉넉하지 않고, 교통망이 좋지 않은 지방 소도시에 살았어도 신선한 어패류를 공수하는 일에 돈을 아끼지 않았다. 한 뙈기의 텃밭도 없었는데 어떻게든 신선한 채소를 구해왔다.

엄마가 차린 건강한 밥상을 얻어먹으려고 일부러 식사시간에 나를 보러 오는 친구들이 있었다. 엄마는 새로 밥 한 그릇과 국을 퍼서 식탁에 올렸다. 친구들은 쑥스러운 듯 한 번 거절을 한 뒤, "그러지 말고 먹어 보라."는 엄마의 권유가 끝나기 무섭게 엉덩이를 의자에 붙이고 앉아 뚝딱 비웠다. 이게 그렇게 극찬할 정도인가 싶게, 친구들은 무한 감탄하며 밥을 먹었다. 그 감탄이 나는 생경했다.

매일 그런 밥상을 받으면 감사함을 모른다. 당연한 것인 줄 안다. 그 시절 내가 그랬다. 엄마가 밥하는 것을 보며 자란 나는, 많은 것을 배움인지도 모르고 배웠다. 밥 먹는 습관이 잘 들어서 혼자일 때도 잘 챙겨 먹었다. 엄마와 같이 장을 보며 스쳐갔던 지식들이 내 안에 자연스럽게 쌓였다. 어떤 생선과 달걀을 골라야 하는지, 어떻게 조리하는 것이 영양분 파괴가 적고 맛있는지, 먹고 난 음식 쓰레기는 어떻게 처리해야 하는지.

엄마는 요리책에 나온 대로 하는 법이 없었다. 라면에 된장을 넣는다든지, 한식과 양식의 퓨전 요리를 한다든지, 기발함을 담아 엄마만의 요리를 만들었다. 뭔가를 섞는다던가, 낯선 재료를 조합하는 요리는 내 스타일은 아니었지만 지루하지 않앉다. 무료한 일상의 작은 축제처럼 밥때를 기다렸다. 그런 엄마 옆에 있었을 뿐인데, 나는 제대로 생활을 꾸리는 어른으로 자라 있었다.

혼자 자취할 때를 기다려 그동안 엄마가 잘 해주지 않았던 인스턴트식품을 잔뜩 사서 먹은 적이 있었다. 아무런 간섭 없이 내 마음대로 먹고 싶은 것을 먹을 수 있다는 게 행복했다. 일주일도 못 가서 인스턴트 음식이 가진 천편일률적이고 불편한 맛을 알아버렸다. 먹고 나면 밍밍하고 속 더부룩한 MSG의 맛. 그 뒤로 자취방에서 시장까지 걸어가 할머니들이 캐온 나물, 어패류 같은 것을 사와 요리를 했다. 나를 위한 한 끼. 그것은 엄마가 수십 년 동안 내게 가르쳐준 지혜이고, 내가 체득한 습관이었다.

내가 한 요리를 맛있게 먹는 남자와 연애를 시작했다. 내가 쏟은 시간과 마음에 고마워하며 황송한 듯 숟가락을 드는 남자라면 함께 가정을 이룰 수 있겠다 싶었다. 식구(食口)가 되어 그 뜻처럼 한집에서 살며 끼니를 함께 하는 사람들로 오순도순 살 수 있을 것 같았다. 가족이 된 뒤에도 그는 내가 차린 밥상 앞에 매번 감탄했다. 쉽게 사먹을 수 있는 것이 많은 세상에 매끼 정성 들여 건강하고 맛있는 음식을 만드는 나에게 늘 고마워했다.

그러다 식구가 늘었다. 어쩌다 사 먹는 이유식과 내가 해준

이유식을 먹을 때 아이들의 표정부터 달라서, 여름의 습한 더위 속에서도 나는 불 앞을 떠나지 못했다. 부엌에서 아이와 나는 놀이처럼 매 끼니를 준비하고 축제처럼 밥을 먹었다. 이렇게 나는 사람을 위로할 때, 사랑할 때 밥을 먹이는 법이 최선이라 생각하며 산다. 아이들이 기죽어 집으로 왔을 때 나는 더 밥상 차리는 일에 힘을 쏟는다. 맛있는 밥은 아이들의 마음도 금방 어루만져 준다. 너를 위해 엄마가 특별히 만든 음식이라고 하면 아이들은 눈빛을 반짝인다. 귀한 음식을 먹은 사람도 귀한 거라고, 너희는 그런 사람이라고 말하면 아이들은 쑥스러운 듯 웃지만 이내 당당한 얼굴빛을 비친다. 밥심이다.

"밥 먹자. 시간 되면 우리 집에 와. 밥 차려줄게. 너 먹고 싶은 거 말만 해."

친구가 삶의 의미를 못 찾겠다고, 되는 일이 없다고 할 때, 나는 그저 그녀들의 말에 고개를 끄덕이다 말했다. 친구들은 내가 차려준 밥을 한 그릇 먹고 나면 편안하게 웃었다. 어려움이 닥쳐 도무지 힘이 나지 않을 때, 나도 밥을 먹는다. 찬밥 한 덩이를 물에 말아 된장을 찍어 먹기도 하고, 따순 밥에 김치 하나 올려 먹기도 한다. 그리고 믹스 커피 한 잔 마시면 앞으로 견뎌야 할 날들도 살아갈 수 있을 힘이 생긴다. 느리고 무료하게만 흐르는 시간 속에서 지나치게 허무해질 때면, 밥 한 숟가락을 상추 잎에 올리고 참기름향이 나는 짭쪼롬한 쌈장과 함께 쌈을 싸서 입에 넣는다. 나는 이만한 위로를 아직 보지도, 느끼지도, 알지도 못한다.

그런 위로를 남편에게도 전한다. 작렬하는 태양 아래, 적도를 지나갈 남편에게도. 6개월째 집에 오지 못하고 항해 중인 남편은 가족들이 보고 싶어 향수병에 걸렸을지도 모른다. 폐쇄적인 공간, 한정된 인간관계 속에서 답답함을 느끼고 있을지도 모른다. 그도 아니면 주어진 일을 해내느라 시간이 어떻게 가고 있는지도 모를지도. 그는 항해 중일 때 소식을 아낀다. 그럼에도 나는 그에게 뭔가 위로가 되는 것을 주고 싶어진다.

남편이 승선 중인 배가 오만에서 LNG를 싣고 삼척항으로 온다. 한 달만의 한국행이다. 한국에 도착하면 회사 대리점을 통해 내가 보낸 택배를 받아볼 수 있다. 배에서 삼시 세끼 꼬박 꼬박 잘 나오지만, 왜인지 나의 요리가 그립다는 그의 말에, 이 사람 뭔가 마음이 허하구나 싶은 예감이 든다.

나는 그에게 보낼 택배를 싼다. 음식은 아니지만 밥상 대신 일상을 아름답게 보낼 수 있는 것들로. 회사에서 힘든 일이 생겨도 당신이 너무 상처받지 않았으면 좋겠다고, 세상에는 내가 어찌할 수 없는 일들이 실타래처럼 엉키기도 한다고. 행여 그런 상황이라면 당신의 성실과 노력을 너무 의심하지 말고 할 수 있는 것을 하며 소소한 일들에 애써 웃어보라고. 배에서도 당신만의 일상을 알차고 단단하게 꾸려보라는 위로를 음식으로 건넨다. 아카시아 꽃의 달콤함을 열심히 날랐을 벌들의 노고가 담긴 꿀과 기분이 요동칠 때 마음을 다스려줄 녹차, 봄의 목련과 해당화를 말려 만든 꽃차를 넣어서. 그대가 힘든 항해를 끝내고 가을빛이 짙어질 즈음 집에 도착하면, 그때만 만날 수 있는 것들로 집밥을 열심히 차려주겠다고, 그대는 그 밥을 달게 받아먹고 더 단단해지고 튼튼해지기만 하면 된다고.

그림자 속에 갇힌 이야기를 쓰는 밤

나는 타인의 삶을 곁눈질하는 습관이 있다. 어떤 의도를 가지고 흘깃거린 것은 아니다. 운명이라면 운명이고 재능이라면 재능이라 여긴다. 눈만 돌리면 타인의 슬프고 나약한 모습이 드러나는 찰나의 순간들이 보인다. 아무리 많은 무리 속에서도, 아무리 인적 드문 곳에서도 나의 눈은 타인이 숨기고 싶어 하는 순간을 발견해낸다. 찰나의 순간, 비밀스런 타인의 순간들이 사진처럼 찍히고 이야기로 쓰여 내 마음 서랍에 차곡차곡 쌓인다.

무척 더운 여름날, 누군가 먹다가 쓰레기통 위에 버려둔 콜라를 지나가는 할머니가 얼른 주워 마시는 장면, 만원 버스 안에서 여자아이가 고개를 꼿꼿이 들고 눈물을 하염없이 흘리지만 아무도 그녀가 울고 있는지 모르는 것, 내성적인 학생이 무리와 말을 섞어 볼 요량으로 말할 타임을 재며 손에 배어 나오는 땀을 연신 닦는 모습, 떡집에서 삼천 원짜리 떡값을 치르기 위해 동전을 세고 있는 할머니의 가방에 숨 막힐 정도로 많은 알약이 들어 있다는 사실, 잘 차려입은 젊은 남자가 손님을 상대하다 깊은 절망과 패배의 표정을 숨기지 못하는 순간처럼 사소한 슬픔의 조각들. 사소하지만 필사적인 삶의 태도가 담긴 순간들이 마음에 쌓여 내 것이 된다.

　비관과 비애의 정조가 짙은 사람으로 태어난 걸까. 그렇지 않고서야 재빠르게 그런 순간을 포착할 리가 없다. 모두가 빛을 향해 갈 때, 나의 시선은 그들이 늘어뜨린 그림자를 향한다. 사람들이 빛을 가려서 그들 뒤에 꼬리표처럼 늘어뜨린 그림자. 그림자는 어둡고 형체도 뚜렷하지 않지만 깊다. 무채색의 깊음 속에서 비밀스러운 애잔함을 만난다. 일정하지 않은 꼴이 이리저리 움직일 때마다 생각한다. 그림자는 살아 있다고. 그 사람과는 별개로 부수적으로 떨어뜨리는 그림자만의 이야기가 있다고. 때론 그림자가 주인공인 이야기도 있다고.

　내가 서랍 속에 간직해둔 애잔함도 그림자 같다. 나는 가만가만 그들의 인생을 상상한다. 고만고만한 인생에서 사람들은 사소한 슬픔을 흘리며 기쁨을 향해 달려가지만 애초에 바닥에 깔린 것은 모두가 외면하고 싶은 감정일 수도 있다. 나는 그 비애를 거닐다가 그 감정을 흘린 사람들과 함께 이야기하고픈 욕망이 인다. 부정이, 비애가 나쁜 것은 아니라고 말을 걸어본다.

　짧고 두루뭉술한 그림자를 드리운 할머니가 정오 무렵 도시 골목에서 폐지를 줍는다. 할머니의 등은 정확하게 기역자(ㄱ)이다. 끄는 수레가 없었다면 더 접힐지도 모를 등이다. 할머니의 인생은 평생 바닥을 향해 있었다는 듯, 숙이고 복종하며 필사적으로 살아왔다는 듯 굽었다. 할머니의 수레에는 얼마 되지 않은 폐지들이 가지런히 쌓여 있다. 아주 느리게 길가에 버려진 박스를 접는다. 나는 그녀를 위해 모아둔 폐지를 전해주려고 차를 세웠다. 천천히 다가가자 내 그림자 안에 할머니가 들어왔다.

"어르신, 제가 모아놓은 종이와 박스가 좀 있는데 드려도 될까요?" 조심스런 인기척에 할머니는 고개를 든다. 새까맣게 쪼그라든 얼굴, 희뿌연 막이 덮인 눈동자가 나를 오래 바라보았다. 내 손에 든 종이 박스를 보며 고개를 끄덕였다. 그녀가 가진 오래된 사람 냄새에서 장날 나물을 펼쳐놓고 차가운 바닥에 앉아 사람들을 가만히 바라보던 나의 외증조할머니를 만난다. 하숙 손님을 받아 홀로 다섯 남매를 키운 나의 할머니를 만난다. 할머니에게 폐지를 건네는 순간, 나의 마음에는 이런 글이 타닥타닥 적힌다.

'할머니, 저도 날마다 뭔가를 주우러 다녀요. 제가 줍는 것은 돈이 되지 않아요. 그걸 잘 활용해서 이야기를 만든다고 해도 너무 사소해 읽어줄 이를 찾지 못할 때도 있어요. 값도 받지 못하는 글들이 쌓여 있지만 저는 그거 없이는 살 수 없어요. 이게 제 사소하지만 필사적인 하루하루예요. 제 그림자이자 눈물이에요.'

이런 눈과 마음도 유전이 되는 걸까. 아이들은 어디서나 사소하고 필사적인 장면, 애잔한 장면을 발견한다. 시골 장날 손

잡고 먹거리를 사러 나가면 아이들의 마음을 사로잡는 것은 맛있는 것, 신기한 것들이 아니었다. 손님들 발길이 뜸한 골목길에 옷을 꽁꽁 여미고 앉아 있는 할머니들, 제때 치료받지 못해 얼굴에 커다란 혹이 있어 여름에도 스카프로 얼굴을 가린 할머니였다. 아이들은 마음이 아픈데 어떻게 해야 할지 모르겠다고 물었다. 슬픔이 사라지지 않는다고 했다. 주인인 줄 알고 따라왔다가 돌아서는 유기견을 보고, 아마 주인이 우리 같은 아이들이었을 것 같다고 했다. 개들의 눈빛이 자꾸 생각난다고 했다. 분명 실망과 슬픔의 눈빛이었다고.

"슬퍼 보이고, 마음이 쓰이는 것들을 어떻게 풀어야 할까? 엄마는 그런 걸 글로 쓰는데 너희도 한 번 써볼래?"

아이들에게 종이와 연필을 건넸다. 솜털 송송한 두 남자아이가 하얀 백지를 책상에 놓고 창밖을 응시하며 조용히 생각에 잠겼다. 아이의 생각이 깊고 깊어 시간은 길고 길게 흐른다. 아이들은 빛을 향해 달려 나가기보다, 달려 나가는 아이들의 그림자를 눈여겨본다. 경쟁을 놀이처럼 하는 아이들의 세상에서 첫째 아이는 대결보다 양보를 매번 선택한다. 지는 사람이 없는 놀이를 하자고 하면 친구들은 재미없다고 말한다며 속상해한다. 다퉈서 이기길 원하는 세상에서 결국 이기는 것은 따뜻한 마음일 거라고 선생님은 아이를 격려한다. 정말 그럴까? 따뜻한 마음이 이길 수 있을까? 나는 의구심을 가져본다. 그러나 숙명이다. 애초에 슬픔과 삶의 분투를 재빨리 알아채는 눈과 마음을 가졌으니 나도, 너희도 가진 대로 살 수밖에.

아이들의 숙명이 담아내는 하루는 이렇다. 태어나서 얼마 되지 않아 어미에게 버림받고 하늘나라로 떠난 고양이, 온종일 묶여 있다가 탈출에 성공하면 우리 집으로 오는 사랑이 고픈 옆집 강아지 곶감이, 늙은 할아버지가 더운 여름날 우리 차보다 더 큰 짐수레에 폐지를 모으는 모습.

깨끗하고 구겨지지 않은 A4 종이를 꺼내 스테이플러로 묶음을 만들어 준다. 그리고 나처럼 그날 있었던 일 중 가장 잊히지 않는 한순간을 선택해 쓰고 그린다. 작가의 말도 쓰고, 출판사 이름도 적어서 진짜 책의 모습을 만들어주려고 애쓴다. 사소하고 치열한 삶의 모습을 같이 보자는 마음으로. 아이들은 두 시간이고 세 시간이고 쓰고 그리다가 자정이 다가오면 피곤해 짜증을 숨기지 못하고 만다. 그러면서도 책은 끝까지 써야 한다고 툴툴거린다. 아직 마음에 남겨진 감정들이 있다고, 꼭 지금 쓰지 않으면 사라질 풍경들이 있다고.

나는 방바닥에 누워 창작 노트에 생각을 쓰고, 아이 둘은 책상에 앉아 글을 쓴다. 그 너머로 쳐진 커튼에 마당의 풍경들이 그림자로 어른거린다. 빛을 향해 반짝거리는 삶을 살아가라고 말하기에는 어쩔 수 없이 우리는 태생적으로 자꾸만 그림자로 시선이 향하는 사람들. 낡고 오래되고 약한 것을 사랑하는 사람, 애잔함을 사랑하는 약자로 살 운명. 그림자 속에 갇힌 이야기에 마음이 뺏긴 사람들….

김선연

남자 아이와 남자 노인의 궁합의 비결

나의 아빠 김영기 씨는 우리 집 첫 손자이자 나의 첫째 아들 장선후와 각별하다. 아이는 나에게 혼나면 어김없이 상주 할아버지가 보고 싶다고, 자신을 이해해주는 사람은 상주 할아버지밖에 없다고 칭얼댄다. 내가 아이를 혼낼 때면 김영기 씨는 안절부절 못하고 바라보다가 내 눈치를 보며 은근히 말린다. '네가 선후를 혼내면 내 마음이 너무 아파. 혼나는 걸 못 보겠으니 그만해라.' 잠자리에 들 무렵 김영기 씨는 느닷없이 전화를 해서 장선후가 너무 보고 싶어서 잠이 안 오니 아이를 잠깐 바꿔달라고 한다. 장선후는 바깥 날씨가 궂으면 시골에 있는 할아버지를 걱정한다. 바람이 세게 불면 시골집에 사는 할아버지가 안 무서운지 전화해보라고 종종댄다. 할아버지와 손자가 만나는 날, 둘은 떨어져 있던 시간에 대한 이야기를 나누느라 꼭 붙어 있다. 연인 같다.

김영기 씨의 그런 다정한 모습이 생경하다. 저렇게 한없이 부드럽고 자상한 사람이었다니. 나한테는 안 그래놓고 장선후에게만 저러다니, 묘한 마음이 일렁인다. 아빠는 내게 늘 엄격하고 어려운 어른이셨다. 아빠가 라면 하나를 끓여 드실 때 나는 먹고 싶다고 감히 말하지 못했고, 아빠도 너도 같이 먹자 라고 말하지 않으셨다.

시간이 지날수록 더욱 각별해지는 둘을 보며 아이와 노인의 궁합은 어찌도 저리 잘 맞을까 감탄했다. 아빠는 일과 관계에 열정적이었던 젊음을 뒤로하고 이제 일흔이 넘은 노인이 되었다. 예전처럼 자신을 불러주는 사람도 없는데 이 어린 것이 오매불망 자신을 걱정해주고 사랑해주니 얼마나 행복한지 모르겠다고 하신다. 장선후는 할아버지만큼 자신의 마음을 알아주는 특별한 어른은 없다며, 할아버지를 만나고 돌아서는 길에 이별의 아픔을 참지 못하고 몇 시간이고 눈물을 줄줄 흘린다. 보고 싶은 마음을, 옆에서 함께 하고 싶은 마음을 참을 수 없어 한다.

나는 그 둘을 보며 사랑을 생각한다. 순수한 사랑. 아빠는 나에게 당신보다 더 나은 삶을 살라고 당부하셨다. 나는 그 당부가 무겁고 답답해 사랑을 사랑이라 느낄 틈이 없었다. 그것이 사랑이 아니냐고 물으면 나는 사랑은 사랑일 진데 순수한 사랑은 아니지 않느냐고 반문하고 싶다. 잘 키우고 싶은 마음, 남들만큼은 먹고 살게 만들고 싶은 마음에는 욕심이 들어있는 게 아니냐고. 응당 부모라면 자식을 잘 살펴 성향을 존중해서 키우려고 노력해야 되는 것 아니냐고. 한 방향만 가리키며, '너도 저 구멍을 통과할 수 있도록 노력해라, 내가 너를 조력할 테니

반드시 통과해라. 다 너를 아끼고 사랑해서 이러는 것이다'라고 한다면 그것 역시 사랑의 한 방식일 수 있으나 순수하다고 할 수 없지는 않느냐고.

나는 '순수'에 집착하며 살아왔다. 보상 없는 사랑, 있는 그대로를 사랑하는 삶의 태도를 가지고 싶었고, 남편에게도 그것을 요구했다. 첫눈에 반하는 사랑을 맹신했고, 어떤 고난에도 한결같은 사랑을 선망했다. 내가 읽는 책도, 보는 영화도 사랑은 순수하고 고결해야 한다고 했다. 책으로 사랑을 배운 나는 남편에게 그대로의 나를 받아들이고 이기심을 거르고 거른 순도 높은 사랑을 내게 달라고 했다. 첫 아이 장선후를 낳고 키우면서도 그런 마음이었다. 엄마인 내가 이만큼 희생했으니 잘 커서 부모에게 보답하고 효도하라는 마음이 생기지 않도록 하자. 잘 키워 자립하는 날이 오면 뒤돌아보지 않고, 내 인생을 잘 사는 것이 육아의 목표였다. 그 집착이 나를 힘들게 할 줄은 모르고.

모성 신화는 지극히 고결하고 순수했다. 아이를 있는 그대로 사랑하고, 나보다 아이를 먼저 생각하는 모성의 신화가 순수할수록 엄마로서 의무는 나를 옭죄어 왔다. 그 기준이 너무 높아서 끊임없이 인내하고, 아이에게 최선을 다하기 위해 노력하는 엄마 되기에 번번이 실패하고 만다. 실패할 때마다 죄책감이 들었고 무력했다. 무엇이 사랑을 지속하게 하는가, 아이를 키우면서 어떻게든 내가 쉴 시간을 확보하는 것이 이기적인가. 아이에게 내가 아는 최선을 알려주는 것이 강요인가. 어린아이를 곁에 두고 내가 하고 싶은 것을 못 할 때, 치밀어 오르는 화를 어떻게 풀어야 할지 몰랐다. 엄마가 행복해야지 아이도 행복하다고 생각해서 내 행복을 좇다가도 자주 죄책감을 느꼈다. 그럴 때마다 생각했다. '한가지 모양의 지극히 순수한 모성, 사랑의 신화는 허상이다. 완고할수록 필연적으로 갈등과 실패를 동반한다.'

아이들의 겨울방학을 맞아 친정에 갔다. 김영기 씨와 장선후의 궁합은 몇 달 만에 만나도 최고다. 그 궁합의 비결, 깊은 사랑의 비결을 지켜보다가 나는 그들의 찰떡궁합 속에서 은밀한 거래를 엿보았다.

장선후의 말은 시시콜콜하다. 문맥도 맞지 않고 신빙성도 없을뿐더러 통일성도 없다. 게다가 끝을 모른다. 상대방이 좀 웃으면 이야기가 끝날 듯하다가 다시 시작된다. 지루한 티를 내거나 잘 안 들어주면 토라진다. 그 이야기를 김영기 씨는 세월아 네월아 들어주고 있다. 김영기 씨의 이야기도 마찬가지다. 장선후는 전후 세대의 궁핍과 살아남기 위해 고군분투했던 이야기를 놀라운 역사처럼 듣는다. 지루해하지 않는다. 함부로 조언하지 않는다. 둘은 이제야 제대로 들어줄 사람을 찾았다는 듯 종일 이야기한다. 대화에 깊은 교류와 정보는 없다. 경청하는 상대가 있어 자신이 중요한 사람임을 확인한다. 장선후의 이야기에 김영기 씨는 공감만 해줬는데 문제는 이미 해결된다.

김영기 씨와 장선후의 욕망이 충돌할 일이 없다. 65년의 나이 차는 사소한 문제의 부딪힘을 해결한다. 김영기 씨는 조무래기 장선후의 요구를 들어줄 권력과 경제력을 가지고 있다. 그리하여 장선후는 내가 사주지 않는 장난감을 김영기 씨에게 요구한다. 당연히 김영기 씨는 그 요구를 들어준다. 단돈 만 원이면 해결될 것을 오만 원을 준다. 버릇없어진다는 나의 말에 김영기 씨는 '이럴 날도 오래 남지 않았다. 어쩌다 한 번인데.'라고 응한다. 그 말에 나는 입을 다물고, 장선후는 천군만마를 얻은 얼굴로 장난감을 산다. 장선후는 이제 다 큰 우리가 김영기 씨에게 해주지 않는 말, '고맙습니다. 사랑합니다. 최고!'를 진심으로 연발한다. 김영기 씨의 얼굴에는 미소가 번진다.

  김영기 씨는 장선후가 충분히 놀고 싶을 때까지 기다려줄 인내심도 가지고 있다. 아이가 노는 모습을 눈으로 좇으며 그 공간에 같이 머문다. 장선후는 안심하고 뛰어 논다. 김영기 씨가 장선후에게 요구하는 바는 단순하다. 건강하고 많이 웃고 행복하길 바라는 것. 한 세대를 건너뛰었기에 가능한 일이다. 그 요구를 장선후는 무리 없이 들어줄 능력이 된다. 그래서 타인의 기대를 저버릴 일도 없고, 부담감도 느끼지 않는다. 능력 이상의 것을 바라지 않는 단순한 요구, 기대하는 바는 언제나 허용 범위 안. 자존심을 건들 일도 없고 갈등을 만들 일도 없다. 장선후는 김영기 씨에게 내가 자주 하는 말, 다 컸으니 그만 간섭하라는 종류의 말은 일절 하지 않는다.

　다시 그들의 사랑을 찬찬히 훑어본다. 흉내 낼 범위가 아니다. 순도 높은 사랑이냐 아니냐는 이제 더는 고민거리가 아니다. 상호 이익 거래가 성립하는 이 사랑에 그저 수긍한다. 시간이 지나 장선후가 독립을 외치는 사춘기 소년이 되면 이 러브 스토리는 다시 쓰여질 것이다. 어쨌든 이제 내가 할 수 있는 사랑을, 나만의 시로 쓰고 아이에게 주는 일이 남았다. 장선후가 이제 다 컸으니 그만 간섭하라고 말할 때가 오기 전까지, 밀도 높은 사랑을 어떤 방식으로 줄 것인지, 책만이 아닌 경험과 시간의 누적으로 나는 깨치게 되겠지.

나를 잃고 찾아온 곳, 엄마

 엄마의 이야기에는 내가 관여하고 싶지 않은 타인의 이야기가 있다. 그들에게 받은 상처는 짙었고 숨 막혔다. 나는 엄마의 딸이라 그 감정에 고스란히 전이되곤 했다. 엄마는 딸들에게 그런 이야기를 토해내지 않으면 살아내지 못했을 것이다. 본능적으로 알았다. 나와 여동생이 엄마의 이야기를 들어주어야 한다는 것을. 우리가 아니면 엄마의 이야기를 들어줄 사람은 없다는 것을. 어린 우리는 엄마를 행복하게 해주고 싶었다. 엄마가 힘들 때마다 친구들과의 약속을 무르고 집으로 달려와 엄마의 감정을 받아주었고, 엄마가 하고 싶은 것이 생길 때마다 들어 주려고 애썼다.

 그래서 엄마가 행복해졌는가? 엄마는 자주 울었고, 자신이 쓸모를 잃어버린 노인이 된 것 같다고 말했다. 엄마의 자기중심적인 불행의 넋두리를 반복해서 듣다 보면 나까지 넋이 나갈 것 같았다. 언제부턴가 엄마의 이야기를 들어주지 않았다. 하고 싶은 것이 있다고 할 때, 한숨부터 쉬었다. 나는 독립적인 어른이 되었으니 나만의 인생을 살 거라고 등을 지며 달렸다. 내가 할 수 있는 한, 엄마라는 점에서 멀리멀리 달려 나갔다. 서로를 이해하려는 노력을 그만두는 순간 비극이 깊어진다는 걸 알면서.

　나도 자라 엄마가 되었다. 나에게도 숨 막히고 답답한 이야기가 쌓였다. 친구들에게, 여동생에게 그 이야기를 토로하다 보면 숨이 쉬어졌다. 그래도 현실은 그대로였다. 나와 맞지 않는 것들이 난무하는 일과 관계를 꾸역꾸역 외면하듯, 어쩔 수 없는 숙제를 하듯 삶을 이어갔다. 내 안에는 '남 탓'이 쌓여갔다. 부모 탓, 세상 탓, 사회 탓. 살면서 중요한 문제를 마주하지 않은 이유는 그 방법이 가장 쉬워서였다. 나를 바꾸지 않고 환경 탓만 하면 되니까. 그리하여 내 인생에는 나의 역사가 아닌 남과 사회의 역사가 쓰였다. 문제를 해결할 주체인 내가 생략되었다. 내가 보는 시각대로 인생은 흘러간다는데 나의 시각이 뭔지 말할 수 없었다. 타인의 시선에 민감해지고, 평가를 두려워하고, 일이 잘못될까 겁내며 삶의 주체성을 잃어버리자, 내 삶을 이야기할 때 타인의 이야기가 튀어나오곤 했다. 만사 시큰둥해졌고 자주 서운해졌다.

　나는 누구인가, 나는 어떤 사람인가. 시시때때로 들려오는 내면의 질문을 따라 멀리 달아났던 발걸음을 멈추고 다시 원점으로 걸어왔다. 그곳에 엄마가 있었다. 그러나 나는 내 삶과 감정만으로 이미 지쳐서, 엄마의 이야기를 다시 들을 여력이 없었다. 엄마의 이야기를 들어주지도, 원하는 것을 살피지도 않으면서 나는 어정쩡하게 엄마 주변을 맴돌았다.

나는 엄마가 명랑한 사람인 걸 안다. 그리고 명랑 속에 애써 슬픔을 숨긴 것도 안다. 열렬하게 사랑받고 싶어 하지만 서투른 것도 안다. 기질적으로 엄마보다 아빠를 더 닮았지만 엄마의 그런 면을 나도 가졌기 때문이다. 그래서 엄마를 기쁘게 해주고 싶은 마음을 마흔 줄인 지금까지 숙제처럼 가지고 있다. 그러다 알게 되었다. 사실 그 마음에는 나도 덩달아 삶의 주체성과 기쁨을 회복하고 싶은 내밀한 욕망이 숨어 있었음을.

"엄마, 그림 그려볼래요? 여행 같이 갈래요?"

"엄마 나랑 같이 글 써 볼래요?"

　나는 어린 시절로 돌아온 아이가 된 기분이었다. 엄마를 기쁘게 해주고 싶어서 자꾸만 이것저것 권했다. 엄마가 좋아할 것들을 들이밀었다. 엄마와 내가 즐거움의 씨앗을 뿌린 대로 살다 보면 즐거움의 싹이 자라지 않을까 내심 기대하며.

　엄마는 아이처럼 순순히 나의 말을 따랐다. 그림 동호회에 나가서 그림을 배웠고 카페에 가서 오래된 노트북을 두들기며 글을 썼다. 엄마의 연습장엔 그림도 있고 일기도 있었다. 잠깐의 틈에도 엄마는 내가 내민 점 같은 취미들을 했다. 별로 재밌지 않다는 얼굴로, 그래도 그만두지 않겠다는 의지로. 나는 엄마와 나란히 앉아서 그림도 그리고 글도 썼다. 별말이 오가지 않은 시간 속에서 비슷하지만 다른 생각과 시선으로.

　엄마는 종종 엄마의 방법으로 내게 삶을 사는 법을 알려주었다. '살아보니 인생이 재밌는 날들의 연속도 아니고 좋은 일들의 연속도 아니다. 그날그날 비슷한 듯 흘러가는 인생에 뭐 그렇게 특별한 재미가 있겠느냐. 삶의 의미를 잃지 않으려는 재미를 점같이 찍어 보는 거지. 찍다 보면 계속하고 좀 재밌는 날도 있는 거지.' 나는 글과 그림으로 엄마를 읽어낸다. 엄마의 명랑도 읽어내고 슬픔도 읽어낸다. 그리고 엄마와 나는 각기 다른 욕망과 삶의 태도를 가진 개별적 존재이지만 명랑한 슬픔으로 이어진 유대감도 종종 감지한다.

내가 기쁨을 줘야 하는 사람이라고, 엄마의 이야기를 들어 줘야 할 사람은 나뿐이라고 생각했던 건 착오였다. 내가 엄마를 너무 약하게 봤다. 엄마는 이미 엄마의 일상에 점 같은 재미를 뿌려놓고 있었다. 점 같은 재미들 사이사이에 엄마와 내가 찍힌다. 돌고 돌아왔지만, 지금도 헤매고 있지만 엄마가 지금 옆에 있다는 것만으로 감사하다. 엄마를 있는 그대로 보는 연습을 하면서 나를 그대로 바라보는 연습도 한다.

엄마.

엄마 자신의 모습으로 오롯이 사랑받고, 사랑하는 데에도 수없이 상처받았던 엄마. 제발 있는 그대로의 자신을 수용해달라고 외롭게 외쳤던 엄마. 그러고도 명랑하게 웃고야 마는 모순적인 나의 엄마. 엄마의 슬픔, 여자로 살면서 겪었던 소외와 고독은 엄마만의 것이길 바랐어. 엄마가 불행이라 일컫는 부정이 나에게 옮아올까 봐, 나 역시 삶의 한 구간을 불행으로 살게 될까 봐 두려웠어. 엄마가 내뱉는 하소연, 반복되면서 더 깊어지는 원망의 감정이 내 생각과 행동에 달라붙었어. 그래서 나는 엄마의 이야기를 듣다가 참지 못하고 이렇게 소리 질렀지.

"엄마는 우리가 다 엄마처럼 불행해졌으면 좋겠어? 남들도 다 비슷비슷하게 사는데 왜 엄마만 불행한 사람처럼 과거에 집착해?"

엄마는 내 말에 이렇게 답했지.

"알았어. 아무 말도 안 하면 되잖아! 아무도 없어. 내 인생에는 아무도."

나는 수십 년 동안 하고 싶었던 말을 마침내 한 것에 대해 속이 후련해지면서 동시에 후회됐어. '어차피 달라질 게 없는데, 서로 불편하게만 됐구나.' 또 자책만 남았지.

나는 지긋지긋한 반복에서 벗어나, 나의 삶만 오롯이 남기고 싶었어. 엄마라는 원점에서 멀리 달려나가 틀 밖을 뚫고 나가고 싶었지. 골치 아픈 감정의 끈 따위 애초에 없는 사람처럼. 도시에서 자립을 하고 밥벌이를 하며 바쁘다는 이유로 엄마의 삶은 모른 척하면서. 엄마도 엄마의 삶을 잘살고 있다고 애써 믿으면서.

그래봤자 감당하기 힘든 일이 생기면 결국 엄마를 찾아올 거면서. 나는 결국 도시에서의 삶도 지치고, 엄마로서의 삶도 지쳐서 나를 잃고 엄마를 찾아왔어. 고향인 상주가 내게 좋기만 한 곳은 아니었지만 엄마가 여기 있어서 다시 올 수 있었어. 왜 엄마였을까. 힘든 순간 나는 왜 엄마를 떠올렸을까. 나는 삶의 한 구간 구간 고비를 넘길 때마다 내 나이였을 때 엄마를 자주 떠올렸어. 그 시기를 살아냈을 엄마를 상상해봤어. 이해가 되기도 했고 그렇지 못하기도 했지만 주된 감정은 애잔함이었어. 나는 원점으로 걸어가며 나를 찾고 내가 바라는 방향을 다시금 곧추세우며 애잔한 엄마와 나 스스로를 끌어안고 싶었나 봐. 풀지 못한 문제를 더이상 외면하지 않고 풀고 싶었나 봐.

사랑의 모양은 한 가지가 아니었어. 더 찬찬히 내 삶의 원점, 엄마라는 원점으로 걸어가며 이 감정이 미움인지, 사랑인지, 애증인지, 연민인지 가늠해보았어. 원점 가까이 도달했을 때, 오만 가지 감정이 떠오를 때마다 나는 우리가 더이상 내일을 장담하지 못할 만큼 살아냈다는 것을 상기해. 우리에게는 유한한 시간만이 불변의 진리처럼 남았지. 나는 그 진리 앞에서 속절없이 너그러워져. 너그러워진 마음으로 돌아봤을 때 이 오만 가지 감정도 엄마를 향한 나의 마음 씀이라는 걸 알아채.

다시 돌아온 고향에서 다시 엄마와 시간을 보내고 밥을 먹고 이야기를 나누고 때론 다투고 어설프게 사과하는 시간. 나는 결국 모든 것을 이해하고 감싸 안는 데 실패했지만, 그 과정 속에서 소중함을 소중히 대할 줄 아는 능력을 키웠어. 나와 같이 글을 써줘서, 내 지독한 고백에 상처받았으면서 결국 나를 안아주어 고마워. 나도 있는 그대로의 엄마를 받아들이고 사랑하는 노력을 멈추지 않을게.

아직까지 엄마의 전부. 큰딸.

김선연

그 절규가 얼마나 끔찍한지 도리어 상대가 도망갈
만큼 원색적인 감정이 담겨 있음을 깨닫는다.

나의 외로움도 소리를 낼 수 있다면 저럴까?

김창경―김선연―**배숙희**

한 맺힌 명랑

 나도 한때 자신을 긍정하고 찬양했던 젊음이 있었다. 누구나 그랬듯 나는 오롯했고 자신만만했다. 모난 부분도 개성이라고 받아들여졌다. 솔직한 내 생각을 거리낌 없이 말할 때, 사람들은 대체로 호의적이었다. 형편이 좋지 못했지만 길을 찾아 대학에 진학하여 초등학교 선생이 되었다. 나는 어려움을 딛고 삶을 개척해온 자긍심도 있었기에 언제 어디서나 내 모습 그대로 사랑받을 거라는 기대가 있었다.

 스물일곱에 외할머니의 중매로 중학교 선생과 부부가 되었다. 결혼하니 든든한 내 편이 생겨 참 좋았다. 남편은 조근조근 말을 잘하여 듣는 나를 편하게 했다. 허우대도 멀쩡하고 이목구비 반듯한 국어 선생님인 데다 나와 대화도 잘 통했다. 취미도 비슷해 더욱 기대되는 사람이었다. 부부 교사니 방학도 같이 누릴 수 있고, 둘이 같이 버니까 밥걱정도 없었다.

 나는 부산에서, 그이는 경북 골짜기에서 주말부부로 생활했다. 허니문 베이비인 큰딸을 뱃속에 안고 오로지 그와 함께할 주말을 생각하며 일주일을 기다림으로 신혼을 보냈다. 남편은 버스와 기차를 갈아타고 굽이굽이 산골짝을 넘는 수고에도 단

배숙희

한 주도 빠지지 않고 나를 보러 내려왔다. 집에 전화가 없어 편지를 주고받던 시절이라 가끔 교무실로 걸려오는 그의 전화가 그토록 귀했다. 교내 방송으로 내 이름이 불리면 뚱뚱한 배를 안고 부리나케 교무실로 내려가 그의 전화를 받았다. 달달한 신랑의 목소리를 듣는 것은 그 당시 내게 가장 큰 즐거움이었다. 그렇게 신랑과 떨어져 일 년을 보내면서 딸을 낳았다.

시댁에서 딸만 시골로 데려가 키워준다는 것을 나는 마다하였다. 딸과 떨어져 지낸다는 것은 상상조차 못 했던 초보 엄마였기에 부산에서 경북의 골짜기 시댁으로 합가했다. 시부모님과 시누이, 시동생이 있는 대가족 생활 속에서 아이들이 충만한 사랑을 받으며 자라리란 기대감도 있었다. 무엇보다도 직장 생활을 그만두지 않을 수 있게 시어른의 육아 도움을 받을 수 있지 않겠는가? 몇 년간만 시골에서 지내고 나면 다시 대도시 근무 이동이 가능하다는 남편의 말도 철석같이 믿었기에 시골 생활과 시집살이에 대한 두려움이 없었다.

그러나 막상 시골에 가서 살아보니 생각지 못했던 벽이 결혼 생활을 가로막았다. 시골 친척댁에 인사를 드리러 가면 어르신들은 남편만 남게 하고 나는 홀로 집으로 가라고 하셨다. 술을 마시며 밀린 이야기 나눈다고 어르신들에게 잡힌 남편은 당연지사인 듯 그 자리에 앉아 있었다. 버스도 없는 한적한 시골길을 터덜터덜 걸어 집으로 가는 길, 서러움이 차올랐다. 늦은 밤,

집에 귀가한 남편에게 서러움을 하소연했으나 그에겐 귀 따가운 잔소리에 불과했다. 그런 일들이 잦아질수록 우리는 조금씩 멀어졌다.

남편은 길거리서 지인을 만나면 끼고 있던 팔짱을 슬며시 풀며 다정하지 않았던 듯이 행동했다. 반복되는 그의 태도에 나는 주눅이 들었다. 남들의 시선을 의식해 다정한 모습을 보이기 꺼려하는 남편의 태도가 나에 대한 사랑을 부정하는 것 같아 속상했다.

방학이 있으니 부부가 함께 시간을 보내리라 여겼는데 그렇지 못하는 일도 잦았다. 당시 휴일이면 남교사는 야간 숙직을 섰고 여교사들은 아침부터 저녁까지 일직을 섰다. 규모가 작은 학교라서 당직과 일직은 빈번하게 돌아왔다. 남편은 천성이 착해서 남에게 싫은 소리를 못 했다. 다른 사람의 부탁이라면 거절할 줄 몰랐다. 어린이날 자기 가족들과 보낼 생각은 못 하고 놀이동산에 가기로 했다는 동료의 당직을 바꿔 주는 사람이었다. 명절에는 고향에 가는 동료의 형편을 봐주느라 역시 당직을 대신하곤 했다. 남편의 타인을 향한 배려와 다정함 때문에 가족 나들이 계획을 세울 때면 자주 싸웠다.

둘째의 출산 예정일에도 남편은 당직이었다. 나는 홀로 산부인과에 가서 둘째를 낳았다. 셋째의 출산은 예정일보다 며칠 앞당겨졌다. 진통이 오기에 외출한 남편이 갈만한 가게 몇 군데를 전화번호부에서 찾아 전화를 걸었다. 어렵게 연락이 닿아 집으로 온 남편은 산부인과에 나를 내려놓고는 같이 있던 친구에게 돌아갔다. 남편 없이 분만실을 향해 가다가 양수가 터졌다. 난산이었다. 이렇게 나는 중요한 일에서도 그에게서 번번이 밀려나는구나, 눈물이 흘렀지만 있는 힘을 다해 태어나 내 옆에 있는 아이들을 보며 버텼다.

 방학은 당직과 연수로 인한 기간을 제외하더라도 함께 즐길 정도의 시간적 여유를 주었지만 우리 식구들만의 휴가를 보내는 일은 드물었다. 남편의 친구들과 약속된 더부살이 휴가가 주를 이루었다. 그게 아닌 휴가와 여행은 아이들과 나만의 행사가 되었다. 남편의 뜻을 받들다 보면 휴가는 어여부영 사라져 버리기 일쑤이고 내 주장대로 밀고 나가면 싸움과 큰소리를 불사해 겨우 떠나는 경우가 반복되었다. 나는 그러한 상황이 몸서리치게 싫었다.

 지금의 남편은 많이 다정해졌다. 내가 하고 싶은 대로, 가고 싶은 대로 맞춰준다. 그러나 이제 나도 변했다. 그 사람과 함께 하는 여행에 대한 열망은 차갑게 식어버렸다. 다정한 그에게 부러 심술과 변덕도 부려본다. 그렇게 한다고 내 젊은 시절 갈망한 사랑이 돌아올 것도 아닌데. 남편이 같이 여행을 가자고 하면 아직 풀지 못한 과거의 외로움과 서운함이 기어이 올라와 결국 화를 내고야 만다. 이제껏 내가 일 순위가 되보지 못했는데

다 늦어서 이제야! 이런 생각에 행동과 말에 가시가 돋고야 만다. 에고, 혼자 다녀야지, 혼자 다니는 게 속 편하지.

이젠 제 가정을 가진 자식들은 제 식구들끼리 다니는 것을 좋아하고, 또 그것은 너무나 당연한 일이다. 어찌보면 나는 지금 그 어느 곳에도 구속되지 않는 자유 속에 있다. 오랫동안 갈망하면서도 내가 지닌 역할들 때문에 억누르고 있었던 마음이다. 아직은 두 다리가 튼튼한데 그럴 날이 또 얼마 남지 않은 것 같아 조급하다. 어디든 나의 의지로 갈 수 있을 때 혼자라도 떠나야겠다. 나는 일단 떠나면 새로운 사람을 만나고, 경험하는 것만으로도 즐거움을 찾아내는 사람이다. 남들은 집을 떠나면 잠자리가 편하지 않고, 변비가 생긴다는데 나는 그렇지 않다. 집을 떠나오는 날부터 생기가 돌고, 잘 자고, 잘 먹는다. 남편 앞에서 내 말발은 먹히지 않아 말수가 줄고, 입이 조개처럼 저절로 닫히던 사람이지만 집을 떠나는 순간 변신하듯 당당해지고 말도 술술 잘 나와 수다쟁이가 된다. 그동안 숨어 있던 내 한 맺힌 명랑이 슬며시 살아나 어깨춤을 추어준다.

불면의 밤

나는 오랜 시간 불면의 밤을 보내고 있다. 멀리 산짐승 우는 소리가 흘러가고, 명상음악을 들으며 길고 긴 밤을 보낸다. 어느 날은 마음에 불길이 일어 가만히 누워있다가도 화가 난다. 자식의 지나가는 말 한마디에도 설움이 폭발하고, 억울함에 몸서리친다. 내 감정은 길이 정해지지 않은 바람처럼, 그 바람을 따르는 파도처럼 마구잡이로 날뛴다.

아무도 없는 방안에 혼자 누워 가만히 생각해보니, 아픈 몸과 훌쩍 지나버린 세월에 대한 허무함만 만져졌다. 모두가 나를 버린 것만 같은 기분. 내 세상은 점점 더 좁아지다가 마침내 외로운 나 하나만 남아 골방 늙은이가 된 것 같았다. 자꾸만 단절되는 삶에 더럭 겁이 났다.

명상음악보다 더 크게 고라니 울음소리가 들린다. 누군가는 고라니의 울음을 두고 산에서 누가 납치당해서 울부짖는 소리 같다고 하더니 꼭 그렇다. 처절하고 다급하게 울부짖는다. 고라니의 울음이 깊고 깊은 외로움의 절규로 다가온다. 그 절규가 얼마나 끔찍한지 도리어 상대가 도망갈 만큼 원색적인 감정이 담겨 있음을 깨닫는다. 나의 외로움도 소리를 낼 수 있다면 저럴까?

　숙면을 취했던 적이 언제인지 기억도 나지 않을 만큼 까마득했다. 불면은 생기도, 건강도 서서히 빼앗아 갔다. 결혼하고 부모가 되며 생긴 불면증은 나날이 심해졌다. 인생의 황금기라는 30대 초반에 머리카락이 뽀스라져 연필심처럼 뚝뚝 끊겼다. 시커먼 기미는 눈 밑에서 광대까지 내려왔다. 깡마른 얼굴의 광대뼈는 더 두드러지고 몸은 뼈만 남은 듯 앙상해졌다. 목소리를 내기 위해 안간힘을 써야 하루 6교시 수업을 겨우 마칠 수 있었다.

　나는 사이다의 달고 톡 쏘는 청량감에 기대어 하루를 버텼다. 사이다로 연명하는 삶이 이어지면서 기미는 더욱 짙어졌다. 멀리서도 짙은 기미를 보고 나를 알아챌 정도였다. 참다못해 기미 치료로 유명하다는 약을 바르고, 피부를 맑게 한다는 민간요법도 지극정성 따라 해봤지만 별 효과는 없었다. 나는 그 기미가 우울 같고, 불행 같고, 내 삶의 슬픈 증거 같아서 사무치게 싫었다.

　보약을 먹으면 좀 나으려나 싶어, 용하다는 한의사를 찾았다. 그는 내 맥을 짚어보더니 살아 있는 사람 같지 않다고 했다. 기본 체력이 있어야 소위 약발이라는 것을 기대할 수 있는데, 이런 몸이면 효과가 없다고 일단 잠을 잘 자는 것이 중요하다고 했다.

나는 그럼 잠이라도 푹 잘 수 있는 약이라도 좀 지어 달라고 했다. 너무 피곤하고 진이 빠지는데 이상하게 잠이 오지 않는다고. 잠깐 곯아떨어져도 금방 깨서 더는 잠을 잘 수가 없다고. 그렇게 한의사가 지어 준 한약을 한동안 열심히 달여 먹었다. 요즘에는 편리하게 낱개 포장된 한약 팩을 하나씩 잘라 마시기만 하면 되지만, 옛날에는 약탕기에 직접 달여서 삼베로 짜야 했다. 잠깐 한눈팔면 타버리기 일쑤였다. 번거롭고 귀찮기 짝이 없는 약탕기를 코앞에 두고 불면증을 고쳐보겠다고 꾸벅거리고 졸며 지극정성으로 지켰다. 그래도 건강은 쉽게 돌아오지 않았다. 불면의 밤은 점점 더 깊어갔다.

　엎치락뒤치락 잠들려고 애쓸수록 시계 소리는 더욱 커졌다. 먼 곳에서 들리는 차 소리까지 지척에서 달려드는 듯 크게 들렸다. 어둠 속, 명료한 의식은 아주 끔찍했다. 생각을 멈출 수가 없었다. 답이 없는 문제들이 도돌이표처럼 꼬리를 물고 반복해서 다가왔다. 그 문제들은 불안과 초조, 자의식과잉 같은 것들이 달라붙어 더 크게 불어났다. 때로는 과거에 대한 후회와 현재에 대한 불만족, 미래에 대한 두려움까지 뭉쳐져 몸서리쳐졌다. 나는 그 거대한 어둠에 짓눌려 작은 가시랭이 같은 상처와 아픔을 자꾸만 복기했다. 되돌려 생각할수록 그 사소함은 눈덩이 굴리듯 커졌다.

　평생 사랑받고 싶었는데, 인정받고 싶었는데, 늙어서는 오순도순 부부가 사이좋게 늙고 싶었는데, 자식들에게 존경 받고, 챙김 받고 싶었는데, 친구들과 어울리며 멋지게 노년을 보내고 싶었는데, 나이들어 보이지 않게 자기관리 잘하고 싶었는데. 항상 현실은 내 바람을 비웃듯 소망을 끌어내렸다.

어쩌면 내 기대가 높아서였을지도 모른다. 이만한 남편에 독립해서 잘 사는 자식들, 쪼들리지 않는 생활, 자잘한 취미와 능력을 두고 사는 나를 보고 걱정 하나 없겠다고들 하는데, 나는 그 이상을 생각하고 기대한다. 그게 잘못은 아니지 않은가. 그런데 나는 꼭 나쁜 욕심을 낸 사람처럼 벌 받는 기분으로 절망한다.

일흔 인생, 순식간에 지나갔으나 지루하고 때론 멸렬했던 시간을, 그 시간 속에 몰래 숨겨둔 나의 실수와 잘못들을 살짝 꺼냈다가 다시 깊고 깊은 기억 속에 숨긴다. 일흔이 되어도 모든 것을 마주하고 겸허히 받아들일 용기는 바로 서지 못하고 굽는다. 그럴 때면 또 나는 비루하고 바짝 마른 나무 한 그루를 생각한다. 별 볼 일 없는 그 나무에게 그래도 버티고 살아내서 다행이다, 앞으로 남은 날 순식간에 아름답고 잎이 무성하게는 안 되더라도 스스로의 몫을 저버리지 않는 나무로 살자고 말한다.

또 어떨 땐 그리 나쁘지 않은 삶이었다고 위안 삼는다. 내 손길이 닿아서 살아난 생명들이 있다. 아이들도 그러했고 내가 키우는 작물들과 동물들도 그러했다. 나도 감당 못 할 가슴 속에너지는 곧잘 작고 여린 생명에게로 번져 그들이 먹고 자라게 했다. 대지의 신, 가이아가 조그만 흙덩이로 나를 만들어 생명을 거둬 먹이고 살라 명한 것 같다는 생각이 들 정도로. 그 생명들이 나를 의미 있는 사람으로 만들었다. 그런 느낌은 순식간에 머물다 사라지지만 오래오래 살아갈 힘을 주기도 했다.

거대한 어둠 속에서 생각거리는 이리저리 뒤척이며 희망과 절망, 의연함과 비굴함을 모두 일깨운다. 불면의 밤이다. 그 속에서 나는 버틴다. 버티면 아침이 온다. 버티다 보면 또 피곤에 지쳐 아무런 번뇌 없이 잠드는 순간이 오기도 할 것이다.

새벽 서너 시쯤 간신히 잠이 들었는데 날카로운 음악 소리가 들려왔다. 어느새 아침 6시, 집 앞 운동장에서 매일 같이 진행되는 생활체육 배경음악이었다. 언젠가는 나도 저 음악에 맞춰 운동하는 날이 오기는 할까? 그날은 언제쯤 내게 와 이 무기력한 몸뚱이를 추슬러 줄까? 매일 떠오르는 아침 햇살처럼 저 무리 속에 스며들었으면 좋겠다. 그리고 잠 못 들었던 날이 언제였는지 기억도 나지 않는 순간이 내게도 생겼으면 좋겠다.

언젠가는 내 노력이 가닿기를

한창 아이들 키울 때는 필요한 게 시간이었는데, 이제는 남아돈다. 그럴 때는 아이들과의 추억을 알사탕처럼 굴리며 회상에 젖는다. 세 자식을 잘 키우고 싶었고, 어떠한 상황에서도 엄마의 역할은 절대로 포기하지 않겠다고 다짐했었다. 저녁을 준비해 먹이고, 공부를 돌봐주고, 씻겨 재우면 벌써 밤이었다. 미처 못 했던 설거지와 빨래, 밀렸던 일을 하며 내일 아침을 준비했다. 아이들 학교 준비물을 먼저 챙겼지만 빠뜨린 물건이 있는 경우가 비일비재했던 날들이었다.

지금처럼 육아 휴직 제도와 육아 돌봄 시간이 있었다면, 일터에 아이들 돌보는 어린이집이 있었다면 아이들이 나를 필요로 했을 때 옆에 있어 줄 수 있었을 텐데. 비 오는 날 우산 들고 마중도 가고, 아플 때 병원에도 데려가 진료도 제대로 받게 했을 텐데. 이미 커버린 자녀들을 보며 나의 부족한 보살핌이 떠올라 아쉽기만 하다. 내게 조금만 여유가 있었더라면 일곱 살짜리 어린애를 전신마취하게 하는 일은 없지 않았을까.

당시 큰애가 텔레비전 앞으로 바짝 다가앉는 것을 보고 이상하게 여긴 것은 막내를 낳아서 갖게 된 한 달간의 출산 휴가 중이었다. 평소라면 일에 지쳐 아이에게 뒤에 앉아서 티비를 보라고 몇 번 말하고 혼냈을 상황이 출산 휴가가 주어진 덕에 다르게 보였다. 아이를 데리고 병원에 가니 청력에 문제가 있다고 했다.

 감기를 달고 사는 큰 애는 편도가 많이 부어 고막이 막혔다. 게다가 물놀이 하다 귀에 들어간 물이 제때 빠지지 않고 고여 있어 귀에 진물이 흐르는 상태라고 했다. 큰 애는 귀가 들리지 않아서 결국 편도 제거와 고막에 튜브를 꽂아 소리를 전달하는 큰 수술을 하였다. 시골과 도시를 오가며 치료하는 데 일 년이 걸렸다. 아들의 첫돌이 다가왔으나 아직 큰애가 아픈 상태라 생략하였다. 어린 자식들이 줄줄이니 병치레할 일도 많았고, 챙겨야 할 식구들도 많으니 날마다 행사였다. 나는 종종거리며 한다고 했으나 언제나 시간과 체력이 부족했다.

 막내보다 네 살 많은 둘째는 다섯 살이 되던 해 교통사고를 당한 적도 있었다. 대형화물 트럭이 길을 건너던 둘째 딸과 부딪혔다. 가까운 병원에선 엑스레이상 별문제가 없다고 하고, 나도 아이에게 외상이 없어 괜찮은 줄 알았다. 그래도 큰 병원에 가보자 싶어 대구의 대학 병원에 갔다. 아이가 코피는 멎었지만 맑은 콧물이 나온다고 말하는 순간, 아이에게 장난스레 대화를 주고받던 의사의 표정이 싹 변했다. 콧물 몇 방울을 채취해 검사한 결과 뇌척수액이 흐르고 있어 뇌 감염의 우려가 있는 위험한 상황이라고 알려주었다.

둘째는 세균 침투를 막기 위해 움직여도, 걸어도 안 되는 환자가 되었다. 절대 안정이 필요해서 대변까지도 침대에서 받아냈고 먹는 것도 누워서 먹였다. 내가 제대로 챙기지 못해 어린 둘째가 교통사고를 당한 것 같아 괴로웠다. 후회하는 마음으로 시간을 돌려 어린 아이들의 손을 잡고 길을 건너고, 우리가 다 건너자 트럭이 지나가는 상상을 얼마나 했는지 모른다. 다행히 둘째는 한 달 만에 완치가 됐지만 나는 교장, 교감은 말할 것도 없고 동료에게조차 눈치를 받는 처지가 되었다. 누군가 휴가나 출장 등의 이유로 수업을 못하게 되면 대체 교사가 따로 없었던 당시에는 교감 선생님이나 동료 교사가 대신 수업을 해야 했다. 피치 못할 사정이 있어도 당사자는 송구스러울 수밖에 없던 열악한 근무 환경이었다.

육아는 여자의 몫으로 돌리는 것이 당연했던 시절, 나는 충분하지 못할지라도 부족함 없이 키우려고 무던히 노력했다. 시간은 자식들을 부모로 만들어 놓았다. 40여 년이 지나는 동안 육아에 대한 복지정책은 좋아졌으나 아이를 키우는 것에 대한 사회적 기대도 덩달아 높아진 시대에서 아이들은 부모로서 제 나름의 최선을 하느라 종종거렸다. 그 모습이 예전의 나와 크게 다를 바 없었다.

"엄마는 모르지? 예전에 싸준 메뚜기 반찬 때문에 내가 얼마나 놀림 받았는지."

　초등학교에 다닐 때 별말이 없어 몰랐는데 시집 간 큰딸이 메뚜기 반찬 때문에 곤욕을 치렀던 이야기를 했다. '어떻게 벌레를 먹을 수 있나? 아 징그러워, 곤충을 왜 먹어?' 내가 싸준 메뚜기 반찬을 본 아이들은 난리가 났고 딸아이는 어쩔 줄 몰라 도시락 뚜껑을 덮고 점심을 굶었으며, 그 후로도 놀림을 당했단다.

　나에게 메뚜기는 아주 귀한 음식이었다. 신발주머니 크기의 천으로 만든 주머니에 잡아온 메뚜기를 소쿠리에 쪄 낸 뒤 맑은 물에 헹구어 씻어서 적당한 햇볕과 바람이 잘 통하는 반그늘에 한 이 삼일 정도 말렸다. 날개와 날카로운 앞다리를 몽땅 떼어내고 뒷다리의 거칠고 까슬까슬한 다리도 떼어 손질했다. 이런 번거롭고 손 많이 가는 수고로움이 귀찮다고 뭉기적거리면 얻을 수도 없었다. 메뚜기는 한철이고 쉽게 살 수도 없었다. 가끔 시골 장날에 나오는데 잡고 말리고 손질하는데 품이 많이 들어 그 값이 상당히 비쌌다.

　도시락을 싸준 그날 따라 메뚜기볶음이 고소하고 맛있게 만들어져 친구들과 사이좋게 나눠먹을 것을 상상하며 넉넉히 싸주었다. 그런데 내 기대와 달리 아이들이 놀려서 첫째가 울었다니. 그 메뚜기를 잡기 위해 해질 때까지 추수가 한창인 논을 누볐는데. 볕 좋은 날 잘 말리느라 얼마나 고생했는데.

후회해도 소용없는 일이지만 아이들이 어렸을 때 좀 더 세심하게 그 심성을 돌아보았더라면 이런 헤프닝은 없었을 텐데. 내가 좋아하는 일이면 너도 좋을 것이란 생각으로 한 일이 자식들을 종종 곤혹스럽게 했다는 걸 나는 몰랐다.

살아오는 동안 나는 자식들뿐만 아니라 다른 누구에게라도 잘 권하는 타입이었다. 내가 좋으면 그들에게도 좋을 것이라 여겨 진짜 좋은 것은 더 강력히 권했다. 내가 좋다고 다른 이들이 다 좋은 것은 아니란 것을, 내가 최선을 다해서 먹이고, 챙기고 했다 하더라도 받는 사람에겐 그렇게 와 닿지 않을 수 있다는 것을 간과했다. 그러니 그들이 의견에 귀 기울이고 원하지 않으면 아무리 좋아도 권하지 말아야 할 일이었다. 그리고 내가 권한 것을 받아들였더라도 어떠한 대가도 바라지 않아야 했다. 그러면 서로가 상처받지 않을 것이었다.

그래서 요즘은 마음을 비우려고 노력한다. 그런데도 간혹 변함을 모르는 인간인 것처럼 또 권하고 좋은 것은 더 챙기기도 한다. 그들이 만족해 하고 좋아하기를 기대하고 그 기대에 부응하지 못하면 또 상처를 받기도 한다. 천성이라고 해야 할 이 오지랖을 어찌 해야 할꼬?

노인으로 가는 길을 당신은 아는가?

 노인으로 가는 길을 나는 몰랐다. 그냥 살아왔을 뿐인데 어느 순간 사람들이 나를 노인이라고 했다. 지하철은 공짜고, 영화를 보러 갔더니 경로 혜택으로 반값만 받았다. 국립공원에선 주민등록증을 보여주니 그냥 들어가란다. 이런 혜택을 받으면 돈을 아꼈으니 기분이 좋아야 할 텐데 유쾌하지만은 않았다.
 이러한 것들이 내가 남들과 다름을 자각하게 한다. 전철 개찰구에서 표를 댈 때 일반인은 '띠링'한 번, 나는 '띠리띠링'두 번 울린다. 그 소리에 이 정도면 젊다고 생각하던 나는 '노인'이라는 인식 전환을 한다.
 나는 늙음이 오는 것도 몰랐는데, 남들이 먼저 알려주었다. 그러자 나는 진짜 노인이 되었다. 움직임도 느려지고 하고 싶은 말이 정확하게 표현 안 될 때가 많았다. 머릿속이 엉켜 얼른 단어가 떠오르지 않는 일들은 예사였다. 손자들에게 잔소리도 자주하고, 저희끼리 간식을 챙겨 먹을 때 서운함도 느꼈다. 그럴 때마다 내가 알고 있던 노인의 특성이 드디어 내게도 생겼다고 자각했다. 첫째 손자가 그린 내 모습이 너무 주름도 많고 못 생겨서 토라진 척했는데, 실제로도 서운한 마음이 생겼다.

늙으면 아기가 된다더니 정말 그렇게 되었다.

경로우대를 받는 해부터 쉽게 누설할 수 없는 비밀이 수두룩하게 생겨나기 시작했다. 외출이라도 할라치면 화장실을 자주 들락거리는 일이 걱정되어 커피는 물론 물도 마시지 않았다. 반드시 화장실을 들른 후에 외출하는게 습관이 되었다. 노인 팬티(요실금 팬티)가 있으면 마음 편하게 외출할 수 있어 좋으련만 새로운 걸 받아들이는 일이 쉽지 않았다.

어제 샤워를 하고 잤는데도 오늘 아침부터 노인네 냄새가 나는 듯하여 밥을 하다 말고 느닷없이 머리를 감고 바쁘게 샤워를 하는 일도 많아졌다. 어느 의사가 노인 냄새에 대해 쓴 글이 떠올라 씁쓸하면서 두려운 마음이 들었다. 그 의사는 점심 식사를 하기 위해 백화점 식당가 엘리베이터를 기다리던 중 수다를 떠는 한 무리의 할머니들에게 지린내가 확 났다는 글이었다. '지린내'란 과감한 용어를 사용한 글을 읽었을 때 나는 젊은 나이였음에도 충격을 받았다. 이런 모멸스런 순간이 내게는 오지 않기를 바라고 또 바랐다.

그런 바람과 상관없이 나는 늙어갔고, 그에 따르는 생리적 현상 역시 내 의지와 상관없이 따라왔다. 젊었을 적 나는 생리의 양이 많았으며 자주 피로를 느꼈다. 그것이 자궁 근종 때문이라는 산부인과의 진단을 받았다. 의사는 생리가 끝날 시기가 되면 혹이 줄어들기 마련이니 당장 수술하지 말고 지켜보자고 했었다. 세월이 흘러 내게도 완경이 왔다. 그러나 자궁 근종은 작아지지 않고 오히려 커졌다. 쉽게 피로해지는 날도 많아졌다. 결국은 자궁을 들어내었다.

팔다리도 문제를 일으켰다. 한자리에서 이삼십 분 정도 앉아 있다가 일어서면 잘 펴지지 않는 무릎 관절 때문에 '에고고'하는 소리가 나도 모르게 터져 나왔다. 한 것도 없는데 저녁에 손가락 관절은 왜 쑤시고 아픈지 모르겠다. 예전에 하는 일에 비하면 아무것도 아니 건만. 작금엔 손가락에 류머티즘성 관절염이란 손님이 찾아왔다. 아리고 쑤시는 아픔은 주로 잠자리에 누우면 심해졌지만 아침에 일어나면 통증이 줄어들고 낮에 움직이면 또 잊을 정도가 되었다.

입은 구멍이 났나? 왜 자꾸 먹을 때 음식을 흘리나? 조심해서 먹는데 일어나면 붉은 국물로 옷이 얼룩져있었다. 조심스런 자리라 신경 써서 먹는 데도 사레는 연방 들려 죽을 듯이 켁켁거렸다. 재채기가 일어날 것 같아 마구 기침을 하게 되는 일은 왜 그렇게 자주 일어나누? 같이 밥 먹던 사람들이 황급히 물을 찾아주니 민망함에 더 크게 기침을 하는 모습이 참으로 꼴사나웠다. 어디 쥐구멍 없나? 간신히 잠재우고, 아무렇지도 않은 듯 열오른 벌건 얼굴로 식사를 마무리하곤 했다. 밥 먹을 때는 말하고 싶은 바 있어도 말하지 않는 게 좋았다. 말소리를 낼 때와 음식 삼킬 때의 시간 조절이 안 되면 늘상 이런 상황이 발생했다.

어제 다르고 오늘 다르다더니 요즘 내 움직임이 그랬다. 녹슨 기계처럼 하루하루 눈에 띄게 쇠락해가는 내가 낯설었다. 경험해보지 못했던 노년의 신체 변화는 그저 짐작하던 거랑 다르다는 것을 최근에야 알았다. 노년이라 칭하는 나이가 되어서야 느려진 일상의 흐름과 신체의 변화가 상상을 초월한다는 것도 알았다. 자식들이나 다른 사람들 모두가 나이가 많아지면 늙어간다는 것을 당연하게들 생각하겠지만, 늙음의 주체인 나는 당연하지 않아 서러웠다.

나이가 드는 만큼 마음은 늙지 않아 현실과 마음의 괴리가 너무 커서 슬픈데, 이제는 마음까지도 늙어가고 있었다. 코믹영화를 보며 박장대소하는 여덟 살 손자의 웃음이 더는 내게 전해지지 않았다. 나이가 들면 절로 지혜가 늘어나고, 인자해지고, 욕심은 줄어들고, 작은 것에 만족할 줄 알고, 내가 틀린 줄도 알고, 너그러이 남도 용서해주며 살 줄 알았더니 그렇지도 않고 오히려 웃음만 줄었다. 아이들이 "할머니는 안 웃겨요?"라고 물을 때마다 "하하하, 우습네."라고 맞장구쳐주다가 어색함을 털어내려고 자리에서 일어나 마당에 나가 잡초를 뽑았다.

그럼에도 내가 포기할 수 없는 한 가지가 있다. 잘 늙는 것, 멋진 할머니가 되는 것은 어떻게 하는 건지 모르겠지만 나답게 사는 씩씩한 늙은이는 되고 싶다. 자식들이 내 보호자가 되어가고 있음을 요즘 들어 부쩍 느낀다. 그래도 내 삶의 결정권은

배숙희

유지하고 싶다. 마음이 늙는 것쯤은 이제 아무렇지 않을 만큼 나도 세월을 받아들이는 중이다. 그러면서 죽음이 오는 것보다 더 먼저 내가 아닌 나로 살게 될까 봐 염려가 된다. 자식에게 짐은 되지 않으면서, 나를 잃지 않으면서 인생의 마지막 종착역으로 가고 싶은 것이 간절한 소망이다.

 몇 년 전 내가 이 동네로 올 때만 해도 우리 집 돌담 너머 담벼락 아래는 저녁 마실 쉼터였다. 해 질 무렵이면 늘상 동네 노인들이 대문 앞에 의자 하나 놓아두고 앉아있었다. 그들은 두 다리 멀쩡하게 걷는 나에게 젊어서 좋겠다고 했다. 고작 몇 살 더 적을 뿐인데 그것을 부러워했다. 노인들은 찬찬히 부채질하며, 지는 하늘을 보며, 인생을 되뇌고 추억을 곱씹었다.

 별장 삼은 헌 집을 고치다가 나가면 삶은 옥수수, 고구마나 감주 등을 나눠주셨다. "새댁 고단한데 누워봐."라고 널찍이 자리를 내어 주셔 염치 불구하고 벌러덩 누웠더니 볕에 달궈진 시멘트 바닥이 온돌 바닥 같아 피곤이 사라졌다. 자갈 마당 고르고 흙벽돌 수리에 지친 고단한 내 육체가 나른해지던 여름밤이었다. 그네들의 농사 이야기와 동네 사람들 동향도 들으며 별 보고 달 보던 쉼은 엄마 품처럼 편안했다. 어르신들은 산책을 하고자 해도 몸이 안 따라준다고 했다. 집 앞에 빈 의자 내어두고 지팡이 짚고 나가 앉는 것은, 좋아서가 아니라 그것밖에 할 수가 없고, 그래야만 지나는 이들과 인사라도 나누고 소식을 들을 수 있으니까 그러신다고 했다. 이것저것 얻어먹은 게 있어 아이스크림이나 과자를 사 드리면 어린아이처럼 좋아하시며 맛나게들 드셨다. 그 시간이 훌쩍 지나 버려 내가 그 어르신들 만큼의 나이가 되었다.

책의 활자가 춤추고 한 글자라도 읽을라치면 미간이 푹 패이고 눈이 쪼그라들어 독서가 편하지 않았다. 마당에 난 풀 한 포기를 뽑고자 해도 무릎 구부리기 힘들고, 앉으면 엉덩이 일으키기 어려운 나이로 가고 있었다.

있는 자리 살았던 자리 정리나 좀 하면서 종착역으로 천천히 걸어가야겠다. 정말로 못해보고 가는 게 있어 눈이 안 감기는 것은 무엇이 있으려나? 내 마음속 깊숙한 곳을 뒤져 봐야겠다.

최종학력

　초등학교 교사인 나는 아무리 학업능력이 뒤처지는 아이라도 한글만큼은 똑 부러지게 가르쳤다. 어떻게든 기본공통교육과정에 나오는 것은 모두 가르쳐 상급 학년으로 진학시켰다. 그런데 도무지 내 자식들은 그렇게 할 수가 없었다. 어려운 환경에서 공부로 운명을 갈아탔던 우리 부부는 늦된 자식들이 이해가 되지 않았다. 남편은 학비를 제때 내지 못해 맞으면서, 친구들 공부를 도와주고 밥을 얻어 먹어가며 공부해 선생님이 되었고, 나는 집안이 망하는 바람에 공장을 다녔지만 다시 학업을 잇게 되어 선생님이 되었다.

　우리가 너무 힘들게 공부해서 두 딸과 아들은 어떤 경우라도 어려움 없이 공부하게 해주고 싶었다. 그러나 내 자식들이 한글을 읽고 쓰게 하는 것과 구구단을 외게 하는 것은 산을 옮기는 것만큼이나 어려웠다. 퇴근해서 공부를 가르치다 보면 곧잘 늦은 밤이 되었으나, 자정이 다 되도록 숙제를 끝내지 못했다. 속에서 열불이 났지만, 가까스로 화를 누르며 아이들에게 내 이야기를 해주었다. 공부에 목말랐고, 공부만이 목숨줄이자 동아줄이어서 다른 것은 생각해보지 않았던 나의 어린 시절을.

"엄마는 공부를 못 할 뻔했어. 너희는 초등학교 졸업하면 중학교 가고, 고등학교도 다니고 대학에 당연히 가야 한다고 생각하지? 엄마는 중학교는 맛만 보고 중퇴했었어."

"진짜? 어떻게 그럴 수 있어? 학교는 다 다니는 거 아니야?"

큰딸이 토끼 눈을 하고 물었다. 자주 들려주었는데 딸아이는 들을 때마다 놀랐다. 둘째 딸은 학교 안 다닐 수 있어서 좋았겠다고 장난기 어린 눈으로 받아쳤다. 막내아들은 그게 무슨 의미인 줄 모르고 두 눈만 끔뻑였다. 이제는 아이들에게 들려줄 수 있을 만큼, 슬픔도 나만의 멋진 이력이 될 만큼 덤덤해진 나의 학력 이야기를 깊은 밤 아이들이 잠들 때까지 들려주었다.

1966년, 내가 초등학교 6학년 되던 해, 쌀가게를 운영하던 아버지는 대량으로 납품하던 사업체가 망하는 바람에 물건값을 받지 못해 덩달아 망했다. 시골에서 살기가 막막해진 우리 가족은 부산으로 이사를 했다. 그리고 언니와 나는 학교를 중퇴하고 먼 친척이 운영하는 모직공장에 들어갔다. 중학교 1학년, 이제 학교생활에 익숙해질 무렵이었다. 삶이 하루 아침에 달라졌다.

무엇보다 견디기 어려웠던 것은 단정한 교복을 입고 다니는 다른 학생들의 모습을 보는 일이었다. 버스 안의 학생들이 내릴 때까지 그들에게서 눈을 떼지 못했다. 당연한 일상이 내게서 사라지고, 그것이 세상에서 가장 귀하고 부러운 일이 되어 있었다.

공장까지는 버스를 두 번 갈아타고 가야 했는데, 요즘 같은 환승제도가 없었던 때라 각각의 버스 요금을 모두 내야 했다. 그게 너무 아까워 한 번의 버스만 타고 나머지 구간은 걸어 다녔다. 그러니까 한 시간 더 일찍 일어나 새벽 별을 보며 용당에서 대연동까지 걸었다.

아침 8시에서 저녁 8시까지 12시간 동안 일하고 받은 월급은 고작 7~800원정도였다. 그 당시 쌀 한 말 가격이 400원, 버스비가 10원 가량 했으니 가난이 한 몸 같은 때였다. 공장일이 바쁠 때 하는 잔업은 오히려 반가웠다. 월급을 더 받을 수 있고, 저녁도 주었기 때문이다. 특히, 크림이 든 봉지 빵을 두 개씩 주었는데 내 돈 주고 빵을 사 먹는다는 것은 꿈도 꾸지 못했던 때라서 그 빵 두 개가 너무도 귀했다. 꿀같이 맛있는 그 빵을 전부 먹고 싶은 충동이 매번 일었지만, 집에 있는 동생들 생각에 하나만 먹고 하나는 집으로 가져갔다. 그렇게 일하고 월급을 받아 엄마에게 드리면 고작 중학생 나이에 가족에게 도움을 주는 구성원이 된 것 같아 뿌듯했다.

하지만 종일 서서 일하는 것은 힘들었고, 나는 너무 어렸다. 결국 몸이 견디지 못해 밤마다 코피를 쏟았다. 일주일 내내 피로 베개를 적시고 머리카락은 피떡이 되어 뒤엉겨 붙었다. 눈을 뜨면 피비린내 나는 검붉은 핏덩어리를 뱉어냈다.

이런데도 적응은 하는지 철없이 동생들을 돌보며 뛰놀았던 때는 까맣게 잊고 공장 생활에 익숙해져 갔다. 공부에 미련이 남아 치마 주머니에는 언제나 영어 단어장을 넣어 다녔다. 고단한 일에 한 번도 열어보지 못한 날이 더 많았지만 학생이 되는 꿈이라도 가지고 싶었다.

공장에 다닌다고 일만 한 것은 아니었다. 가끔은 소풍도 갔다. 공장이 노는 날엔 삼삼오오 모여 포도밭으로 나갔다. 적은 돈으로 종일 놀면서 포도를 실컷 따 먹을 수 있어 좋았다. 너무 많이 먹어 이가 시릴 정도였다. 그 당시 과일들은 요즘처럼 당도가 높지 않았지만 쉽게 돈 주고 사 먹지 못할 만큼 귀했었다.

과자 한 봉지와 삶은 고구마와 계란을 들고 신선대로 놀러 갔던 것도 멋진 소풍 중의 하나였다. 싸온 간식을 바닷가 바위에 펴놓고 먹었다. 매끄러운 작은 돌을 주워 공기놀이도 했다. 바닷물에 돌 던지며 누가 멀리가나 보려고 용을 쓰며 던지고 놀았다. 갈매기들이 끼룩거리고 파도가 넘실거리는 걸 놓고 보고 있노라면 친구 우연이는 "사랑은 눈물의 씨앗~", "해당화 피고 지는~" 등 연이어서 멋들어지게 유행가를 불렀다. 먼지가 풀풀 이는 일자리에서도 우연이의 노래를 듣고 있으면 편안했고 마치 우리도 어른이 속한 사회에 있는 기분도 들면서 내 몫도 해내고 잘살고 있는 것처럼 느껴졌다.

시골에서 올라온 몇몇 친구들은 방 하나를 얻어 자취했다. 그 친구들이 구운 김을 부숴 버무린 밥에 간장을 묻혀 주던 맛은 지금까지도 잊히지 않았다. 가난하지만 건강했고, 넉넉하지는 않았지만 뭘 먹어도 배탈이라곤 모르던 한창 나이에 맛본 음식들은 그 무엇과도 비교가 안 될 정도로 달고 맛있었다.

아버지는 도시로 와서도 살길을 찾으셨다. 품이 많이 들어가는 일이긴 하지만 정미소에서 딩겨가 많이 섞인 쌀을 값싸게 사서 딩겨를 날리고 쌀 찌꺼기를 빼내고 좋은 쌀을 가려 떡집에 시중보다 낮은 가격으로 파셨다. 그렇게 형편이 나아지자 약속하셨던 대로 공부하는 길을 찾아 주셨다.

오랜 시간 담쌓고 지낸 공부는 쉽지 않았다. 입시학원에 다녔지만 강사의 말은 외계인 소리 같이 머릿속에서 맴돌다 사라졌다. 검정고시를 볼 생각으로 공부를 시작했는데 중학교를 다녔다는 증명서가 있으면 검정고시를 보지 않아도 전학을 할 수가 있다는 것을 교지에 계시던 친척 큰아버지가 알려주셨다. 원래는 1학년을 다녔어야 했으나 나이가 많은 이유로 월반해서 야간 중학교 3학년에 들어가게 되었다.

시간을 아꼈으나 중학 3년 과정을 1년에 끝내는 것은 쉽지 않았다. 낙제 점수는 면해야 하건만 번번이 수학 성적만큼은 점수가 나오지 않아 담임 선생님으로부터 손바닥 회초리를 면할 수가 없었다. 다행히 좋아하는 과목은 성적이 괜찮아서 명문 고등학교에 턱 하니 합격했다. 졸업생을 통틀어 이름 있는 고등학교에 합격한 사람은 나를 포함해서 두명 뿐이었다. 담임 선생님께서 무척 기뻐하셨다. 포기하지 않은 내 자신도 기특했고, 가족들이 더 좋아해서 신났다. 그렇게 나는 고등학생이 되었고, 잠시 쉬었던 탓에 목말랐던 만큼 더 열심히 공부하여 대학에도 들어가게 되었다. 대학에선 동래야류 공연을 하고 연극무대에 오르기도 하며 즐겁기 그지없는 생활을 하였다.

나의 십 대에는 너나 할 것 없이 먹고 사는 게 바쁜지라 공부는 있는 집 자식들이 하는 것이고, 더구나 여식에게 끊긴 공부를 다시 시켜주는 일은 아주 드물었다. 나를 믿어 준 아버지의 지원은 오래도록 내게 용기를 주었다.

이제 나도 엄마가 되었으니 우리 아이들에게 그렇게 해주고 싶었다. 아이들이 배우고 싶은 마음이 들게끔 용기를 주고 지원을 해주고 싶었다. 그래서 아이들이 학교 숙제로 지친 밤 나는 이 이야기를 들려주었다.

이제는 손자들을 끼고 이야기를 한다. 세대차이가 많이 나는 손자들은 나의 이야기를 들으며 오랜 옛날을 떠올린다. 공부를 하고 싶어도 할 수 없었다는 것이, 어린 아이들이 공장을 다니고 돈을 벌었다는 것이, 지금은 흔해빠진 공부를 하고 싶어 안달했다는 것이 전설처럼 들리는 듯 손자들은 소중히 듣는다.

나는 무명의 생활예술가

 시골살이해보겠다고 내려온 일곱 살, 다섯 살 손자들이 제 엄마랑 같이 쓰는 단칸방에서 벗어나고 싶은지 자기들만의 공간이 필요하다고 속닥거렸다.
 "형아, 우리도 우리 집이 있으면 좋겠다. 그치?"
 "맞아. 엄마한테 혼나면 갈 곳이 없는데 그럴 때 갈 수 있는 집이 있으면 좋겠다."
 "할머니, 우리도 집이 필요해요."
 "그래? 그럼 할머니가 지어줄까?"
 "네, 할머니."
 이구동성으로 대답하며 좋다고 손뼉까지 쳤다. 오두막집까지는 아니더라도 아이들만의 독립된 작은 놀이방이 있으면 좋겠다는 생각이 들었다. 마당으로 나왔다. 어디쯤이면 어른들 눈에서 벗어나지 않으면서도 자유롭게 놀 수 있을까? 텃밭이 있지만 꽃도 있고, 푸성귀가 자라기에 양보하고 싶지 않았다. 집 뒤에 지으면 아이들 노는 모습이 안 보이니 안 되고. 구석구석 살피다 보니 마침 아이들이 자는 방 옆에 방치된 공간이 눈에 들어왔다. 그곳에 안 쓰는 나무들을 덧대어 오막살이 하나를 지어야겠다고 딸에게 말했다.

"엄마는 왜 사서 고생을 해? 손가락 관절도 안 좋아서 약을 먹는 사람이 애들한테 뭘 만들어 준다고?"

예상하지 못한 반응은 아니지만 막상 듣고 보니 조금 빈정이 상했다. 그러거나 말거나 만들 곳을 정했으니 내가 직접 만들어보기로 했다.

창고에 묵혀둔 제법 묵직한 나무를 여러 개 연결하여 긴 못을 박아 바닥을 평평하게 했다. 불쏘시개 하라고 이웃이 가져다준 팔레트 나무판으로 벽체를 만들었다. 지난겨울 집수리하면서 쓸모없어진 문짝도 버리지 않고 두었는데 이번에 가져다 다른 쪽 벽체로 활용하니 그럴듯한 작은 방이 되었다. 혼자 이고, 나르고, 뚝딱거리는 일들이 쉽지는 않았지만, 요리조리 연구하고 자르고 갖다 붙이니 제법 그럴듯한 모양새가 나왔다. 나무의 거친 면은 사포질해 부드럽게 만들고 그 위에 흰 페인트를 칠한 뒤 손자들을 불렀다.

"어때? 너희들의 집?"

"우와! 이렇게 멋지게 우리 집을 만들어주다니! 할머니 최고!"

아이들은 손뼉을 치고 엄지손가락을 척 올리며 좋아했다. 큰딸이 들어와 쓱 둘러보더니 고생했다고 시큰둥하게 말하고는 자기 방으로 들어가 버렸다. 제 눈에 안 찬다는 이야기지. 에휴,

어른이 되니 제 어미가 하는 것은 뭐 하나 맘에 들어 하는 것이 없었다. 손가락도 못 구부리면서 무얼 만드느냐, 뭐 하려고 고생해서 만드느냐, 잔소리만 심해지니 뭘 만들고 싶어도 의논도 못 하겠고, 몸이 아파도 아프다는 말도 못 하겠다. 집 고치고 만드는 걸 도와달라는 말은 더더욱 못 하겠다. 쓰레기는 왜 안 버리고 모아두냐, 기술자 놔두고 왜 사서 고생하냐, 아파가면서 왜 자꾸 뭘 만드냐, 엄마가 하고 싶은 거지 자기들은 관심도 없는데 왜 같이 하자고 하냐, 뻔한 잔소리가 끝도 없이 나올 거니까. 나는 제 새끼들이 좋아할 것 같아 몇 날 며칠 뚝딱거렸구먼.

어릴 때는 안 그러더니 자식들은 커가면서 나를 바라보는 경이로움을 잃었다. 내가 짓는 모든 것들은 사서 고생이고, 힘만 들고 볼품은 없다고 경시했다. 방으로 들어와 뜨끈한 아랫목에 몸을 뉘었다. 뼈 마디마디 안 아픈 곳이 없는데 큰딸의 냉소적인 눈빛이 더 신경 쓰였다. 눈을 감으니 아이들이 어렸을 때가 어제 일인 것처럼 선명하게 떠올랐다.

시골 시장을 다니며 마음에 드는 자투리 천을 헐값에 사 와서 아이들 원피스를 만들어주었다. 서툰 솜씨로 만든 원피스인데도 딸들은 뭐가 좋다고 그것만 맨날 입고 다녔다. 아이들 학교 운동회 때 입을 단체 무용복을 시장에 가서 천을 떼다 직접 만들어 입히기도 했다. 그땐 참 귀여웠는데. 막내가 돈가스를 좋아해 돼지고기를 칼등으로 다져 만들어주면 삼 남매는 맛있다며 환호했는데. 그 모습에 나는 종일 일하고 와서 밥을 해도 고단한 줄도 모르고 행복했는데. 그 아이들은 어디로 갔지? 그렇게 나의 솜씨를 칭송하고 달가워하던 아이들의 마음은 어디로 사라졌지?

나는 아무리 바빠도 간편식은 사 먹이지 않았다. 아이들 건강을 위해 가장 좋은 재료로 정성껏 요리해 식탁을 차렸다. 내가 사는 시골은 신선한 해산물이 귀했기에 바다를 보러 갈 일이 있으면 반드시 수산 시장에 들러 싱싱한 전복을 사 왔다. 정성껏 끓인 전복죽을 뚝딱 먹는 아이들을 보며 손이 많이 가는 일이라도 거기에는 분명 그만한 행복과 행운같이 귀한 것들이 스며있다고 생각했다. 그것은 나만이 해줄 수 있는 최선이었다. 누가 알아주지 않아도 내가 할 수 있는 정성을 다하고 싶었다. 그렇게 아이들은 내 시간, 정성, 노고, 마음을 먹고 자랐다. 아이들은 "엄마는 예술가 같아. 못 하는 것이 없어!"라고 칭찬해주었다.

막상 만들고 나면 그것이 파는 것보다 근사하거나 멋지지도 않았고, 재료비가 적게 드는 것도 아니었다. 그러면서도 뭔가를 만들려고 많이 시도했었다. 커튼, 이불보, 옷, 식탁보, 지점토 공예품, 식탁, 의자, 이제는 어린 손자들의 놀이방까지. 좋은 물건들이 많고 많은 세상에 하나뿐인 내 작품들. 생활 속에서 활용할 수 있는 것들로 만든 부박한 작품들. 돈을 들이지 않고 헌 자재를 이용해 놀이방을 만들어주었으니 되었다. 큰딸이 뭐라 하든 손자들이 박수쳐 주었으니 이걸로 됐다 싶었다.

뿌듯해하고 있는데 큰 손자가 뭔가 마땅찮은 표정으로 내 방에 들어와 앉았다.

"할머니, 집이라면 손 씻는 곳과 화장실이 있어야 하잖아요? 그건 어떻게 해요?"

새로운 요구사항이다. 아이고 그건 내 솜씨 밖인데 어떻게 한다?

방법이 없는 것은 아니다. 친환경 화장실 하나 만들어 놓으면 될 일이다. 재나 톱밥을 사용하는 화장실은 냄새도 안 나고 벌레도 안 생긴다. 어설픈 솜씨지만 양변기와 세면대를 놓을 방법도 있긴 하다. 큰 손자의 요구사항 한마디에 내 머리에는 이런저런 방법들이 마구 떠오른다. 해? 말아? 분명 큰딸은 뭐 그렇게까지 하냐며 마땅찮다고 할 테고, 번거롭기도 할 일이다.

그런데 내 머릿속에 떠오른 생각들을 내버려 두자니, 되는 일인데 안 하자니 그것도 싫다. 돌이켜보니 나는 머릿속에 떠오른 생각들을 펼쳐 보일 때나, 있는 재료로 새로운 쓰임을 찾아낼 때가 제일 재밌었던 것 같다. 그러니 지금도 이렇게 자꾸 무언가를 만든다. 나는 평생 무명의 생활 예술가로 산 것 같다. 아무도 알아주지 않지만, 환경에도 좋고, 아이에게도 좋고, 나에게도 좋은 일을 할 때 행복했다. 허튼짓이라고 하지 않고 생활 예술가라고 스스로 이름 붙여보니 나의 노동이 그럴듯해 보인다. 나는 외로운 생활 예술가. 관람객은 나의 귀한 손자, 손녀들.

배숙희

평가로 선긋기

큰딸이 손자의 성적표를 보여주며 한숨을 쉬었다.

'수업 중 자신이 맡은 일을 끝까지 해내려고 최선을 다하는 모습이 바람직함. 학습의 습득 능력이 빠르진 않지만 궁금한 점을 잘 물어보고 배경 지식이 풍부해 꾸준히 노력을 이어간다면 발전할 모습이 기대됨. 친구들과의 놀이나 장난감, 이야기 등을 직접 만들어내는 창의적인 모습이 엿보임. 교실에서 친구를 대하는 다정한 태도가 눈에 띄고, 항상 고운 말과 긍정적인 모습으로 친구들을 대하여 원만한 관계를 맺고 있음'

옆에 있던 둘째 딸이 이 정도면 훌륭한 것 아니냐고, 창의력 있고, 인성도 좋다는 평인데 왜 한숨이냐고 자기 언니한테 반문했다. 나도, 큰딸도 오랫동안 학생 평가를 해왔던 터라 허울 좋은 말보다 학습 능력이 빠르지 않다는 말에 신경이 쓰였다. 발전 가능성이 있다는 말은 더 큰 노력이 필요하다는 말이다. 보통 수준이거나 약간 부족할 때 자주 쓰는 문구가 '학습 능력이 빠르지 않다'라는 표현이다.

"언니, 학습의 습득 능력이 빠르지 않다는 건 아이가 차분히 생각할 시간이 더 많다는 거 아니야?"

"모르는 소리 하지 마. 문제 풀 때와 대답할 때 다른 애들보다 시간이 오래 걸린다는 말로 쓴 걸 테니까."

"세상이 변했다고 해도 이렇게 모호하니까 별로 도움이 안 되는걸? 차라리 우리 때처럼 수우미양가로 해주면 정확하게 수준을 알 수 있잖아. 엄마들도 그런 걸 더 원하는 거 아니야? 언니처럼?"

"에휴, 꼭 그런 건 아닌데. 모호하다, 모호해. 아들이 처음 학교에 다니면서 적응한다고 애쓴 것도 알고, 알아서 한글 깨치고, 덧셈과 뺄셈을 할 줄 아는 거 보면 기특하지만 오죽하면 담임 선생님이 이렇게 썼을까 싶기도 해."

"솔직하게 쓴 거겠지. 돌려 까기가 아니라. 너무 많은 의미 부여하지 말라고. 그치 엄마. 얼마나 주옥같은 말들이야. 창의적, 다정함, 고운 말을 잘함, 원만함. 선생이라고 선생처럼 굴지 말고 너그럽게 좀 봐줘."

"매번 다짐하는데 잘 안돼. 며칠 속앓이해야 또 예쁘게 보이지."

고등학교 교사 아니랄까 봐 자식의 성적표에 오만상을 쓰면서 분석하고 있는 모습이 그저 우습다 못해 재밌다. 시험을 보지 않는 시대라서 그런지, 습득 능력이 빠르지 않다는 것이 수의 영역인지, 언어의 영역인지, 신체 영역인지 모호하다. 딸이 손자의 학습 속도에 예민하지 않으면 좋겠는데, 평가에 대해 무던할 수만은 없을 것이다.

　생각해보면 평가 없는 세상을 살아보지 못해서인지, 선입견, 편견, 조언이 없는 삶이 익숙하지 않다. 성적으로 학생들을 평가하는 것은 아주 쉽다. 시험 결과 점수에 따라 '수, 우, 미, 양, 가'로 쓰면 될 일이다. 그러나 생활 품성은 평소에 관찰한 면을 학급 경영록에 수시로 기록하지 않았다간 통지표 쓸 때 애를 먹는다.

　눈에 잘 띄지 않고 발표도 잘 하지 않는 학생들이라면 더욱 쓰기 난감하고 애매했기에 한참을 고민하여 일반적인 말을 써야 했다. '온순하고 조용한 성격으로…' 수업시간을 방해하고 장난이 많은 학생이라면 더욱 곤란했다. 주의가 산만하고 장난이 많아 다른 아이에게 피해를 주는 일이 있으며… 어쩌고 했다간 학부모는 물론 학생의 마음을 상하게 하니까. 최대한 우회하여 써 줄 수 있는 말을 찾으려 고민했다.

　일 년을 맡아 내가 관찰하고 쓴 아이들의 평가가 옳기만 했을까? 의문스러운 일이다. 아이들은 그 한 해 동안에도 놀랄 정도로 자라고 큰다. 그러면서 성향이 바뀌고 성격도 달라지는 듯해 놀란 적이 한두 번이 아니지 않았던가?

　둘째 손주를 잠시 가까이서 돌본 적이 있다. 한 살도 안 되었을 때 보는 사람마다 아는 체하며 인사하여 동네에 데리고 다닐 때 웃음이 날 때가 많았다. 저 멀리서 운동하러 나온 사람에게 말도 못 하는 아이가 고개를 숙이고 옹알거리는 모습이 기특하고 신기했다. '인사성이 좋고 예의 바른'이라고 평가가 될 듯한 모습이다. 조금 커서는 길거리에 누군가가 버린 쓰레기를 발견하면 또 야단법석이다. "저런 거 버리면 안돼!", 놀이터에서 미끄럼틀을 거꾸로 오르면 "위험해, 안돼!"라고 소리치기 일쑤였다. 그런 모습에선 '규칙을 잘 지키고 불의를 보면 참지 않는 정의감이 투철한 모범 아기'라 평가될 것이리라.

올해 일곱 살이 되면서 하고 싶은 일을 못 하게 할 때 "할머니 미워~"라고 눈을 흘기면서 만화에나 나올 법한 흰자에 까만 점하나 있는 눈초리를 보낸다. 나는 그 모습에 이런 평가를 하지 않을까? '잘못을 지적받으면 매우 싫어하는 성향을 가졌으며…'

성향과 품성의 변화도 한때이므로 평가하는 것은 예나 지금이나 쉬운 일이 아니다. 그럼에도 우리들은 보이는 대로 생각하는 대로 평가하는 일에 익숙하다. 내가 다른 사람에게 평가받는 것도 그렇다.

나를 처음 보는 사람들은 냉정하게 보이는 외모와 달리 부드러운 말씨에 놀랐다고 한다. 자주 듣는 말이다. 내가 차갑게 생긴 외모인가? 말투가 상냥하지 못하다는 말을 들을 때도 있는데 또 그런 것만은 아닌가? 나는 상대가 나를 평가할 때마다 나를 들여다본다. 내가 생각하는 바와 다를 때, 그 말에 수긍하기도 하고 상처받기도 한다.

누가 나를 다 알고 평가를 할 수 있단 말인가? 나도 나를 모를 때가 있는데. 누구를 평가한다는 것은 그 사람에 대해 선을 긋는 것이다. 그 속에 무엇이 담겼는지도 모르고 얼마나 많은 변화와 변신을 할지도 모르는데 더 알아가려는 노력을 포기하려는 선 긋기.

나는 딸들에게 성적표 그만 들여다보고 아이를 보라고 말했다. 그 말이 쓰여졌을 때와 지금이 또 다르다. 우리는 학교를 졸업하고도 나의 행동이 어떻게 평가될지에 대해 걱정하지만 이제 좀 자유로워도 된다. 지금의 너희와 그때의 너희는 다르고 또 달라질 것이다. 그러니 스스로에 대해서도 타인에 대해서도 선 긋지 말고 그냥 받아들이며 살아보거라.

달빛 아래 걷는 마음

 주황빛이던 어제의 달이 오늘은 노랗게 빛났다. 동네 어귀 담 벼락 언덕배기에 흐드러지게 핀 향달맞이꽃이 절정을 이뤄 달콤한 향기를 쏟아냈다. 며칠 전 온 산을 뒤덮은 아카시아도 그러하더니 감탄이 절로 나며 편안과 달콤한 행복이 온몸을 감쌌다. 내게도 꽃 같은 향기가 있어 나를 만나는 사람들이 행복했으면 좋겠다.

 두 손자가 최근에 태권도 학원에 다니기 시작했다. 어느날 하얀 태권도복을 입고 집으로 들어서면서 "할머니! 태권도 다녀왔습니다!"라고 씩씩한 목소리로 90도 넘게 허리를 굽혀 인사를 했다. "그래! 잘 갔다 왔어?"라고 하면서 나도 정중하게 100도 넘는 각도로 화답을 해주었다. 녀석들은 신나게 그날 배운 태권도 동작 시범을 보이면서 칭찬받은 일과 속상한 일을 풀어 놓았다.

 "할머니, 사범님이 착하신 것만은 아니었어요."

 "왜? 혼났어?"

 "네, 오늘은 큰소리로 우리를 혼내셔서 기분이 안 좋아요."

 "왜 혼내셨어? 이유 없이 큰 소리를 내신 것은 아니실 텐데."

"몰라요. 소리가 어찌나 큰지 정신이 나가버려서 모르겠어요."

"맞아요. 어찌나 무서운지 정신을 차릴 수가 없었어요."

손자들은 꾸중 받은 일을 이야기하더니 도복도 벗지 않고 마당으로 나가 연습을 했다. 자기들끼리 속닥거리는 말을 들어보니, 혼난 이유를 분명히 알고 있는 눈치다. 그래도 꽁해있지 않고 땀을 뻘뻘 흘리며 연습하는 모습이 기특했다. 자기랑 똑 닮은 두 아들의 마음이 여려서 맨날 울고 상처받을까 봐 미리 걱정하고 동동대는 큰딸에게 말했다.

"그렇게 걱정 안 해도 된다. 씩씩하고 굳건하다. 알아서 잘 살 거다. 봐라. 금방 울고 금방 그치지 않니?"

큰딸은 어릴 때 코스모스 같았다. 키만 삐쭉하게 크고 긴 팔다리에 힘이라곤 하나도 실려 있지 않았다. 드센 친구들한테 치여서 자주 울어 안쓰러웠다. 엄마로서 해줄 수 있는 것은 한계가 있기 마련이라, 스스로 힘을 키우면 체력도 좀 생기고 그러면 마음도 좀 강해지고 튼튼해지려나 싶었다. 그래서 하기 싫다는 태권도 학원에 아이를 억지로 보냈다. 한 달만 다녀보라고 애원하며 보냈는데 아이는 진짜로 딱 한 달만 다니고는 바로 그만두었다.

"넌 그때 왜 그렇게 태권도장에 안 간다고 그랬어?"

"엄마가 그때 태권도복을 안 사줘서 창피해서 그랬어."

"내가 안 사줬었나?"

"응. 잠깐 다니고 말지도 모르는데 돈 아깝다고. 다른 애들은 다 도복 입고하는데 나는 띠만 매고 하니까 얼마나 창피했다고. 엄마, 내 아들들은 다행히 나보다 씩씩하다. 태권도 배운지 벌써 한 달이 넘었는데 그만둔다는 말을 안 하네. 하하하. 진짜 다행이다."

내가 그랬었나? 그것참! 아이 마음도 모르고, 덮어놓고 튼튼해지라고 태권도장에 보내기만 했다니. 아이가 왜 태권도를 배우려고 하지 않는지 물어보지도 않고 으레 부끄럼 많고 잘 포기하는 아이니까 그런 거겠지, 넘겨짚었던 내가 부끄러웠다. 한 달이 아니라 하루를 다니다 그만둔다 해도 도복은 사줬어야지. 지금 같으면 사줬을 텐데, 그땐 왜 그렇게 아끼고 그랬는지.

손주들이 기분 좋게 태권도 연습을 끝내고 생글생글 웃으며 한글 공부를 시작했다. 그런데 제 엄마가 글자를 틀리게 썼다고 하니까 큰 손주의 표정이 순식간에 바뀌었다. 두 뺨이 복어처럼 부풀어 오르고 눈을 쌜쭉하게 뜨더니 상체를 뒤로 젖혔다. 아이의 표정을 살피지 못하고 엄마는 계속 가르치고 아이는 이미 듣지도 않고 얼굴을 반쯤 다른 곳으로 돌리고 있었다. 누구한테 지적받기 싫어하는 것도 제 엄마랑 똑 닮았다. 딱 저맘때의 딸아이도 저런 표정이었다.

큰딸은 초등학교에 입학한 3월부터 쉽지 않은 산을 만났다.

배숙희

담임 선생이 말도 안 되는 엄청난 양의 숙제를 내주었다. 오리엔테이션 기간인데도 3월 첫 주에 매일매일 애국가를 4절까지 쓰게 했다. 나는 글자도 채 익히지 못하고 입학한 아이를 붙잡고 자정까지 씨름했다. 아이를 충분히 재우지 못하게 될 것 같아 내 마음은 조급한데 겨우겨우 개발새발 세월아 네월아 글자를 그려내는 아이를 보자니 속에서 천불이 났다. 보다 못해 그것도 못 하냐며 큰 소리까지 냈다. 밤마다 아이도 울고 나도 울었다.

게다가 아이의 담임은 숙제 검사를 반에서 덩치 큰 아이에게 시켰다. 그 아이가 글씨가 예쁘지 않다고 다시 하라고 해서 그다음 날에는 애국가를 4절까지 2번이나 써가야 했다. 반 아이 모두가 덩치 큰 아이에게 잘 보이려고 전전긍긍했다. 지금 생각해도 화가 머리끝까지 치미는데 나는 항의 한 번 못했다. 왜 그랬을까? 그가 나와 같은 동료 교사여서 그랬던 것일까, 말 많은 시골 학교에서 교사로서 처신하기가 조심스러워서였을까, 괜히 말 꺼냈다가 아이에게 불이익이 갈까 봐 그랬을까, 그것까지 신경 쓸 여력이 없을 만큼 내가 힘들어서였을까. 잘 모르겠다. 지금 같으면 그까짓 숙제 안 해도 된다고 다독거렸을 텐데, 그때는 큰일이라도 날 것처럼 아이를 다그쳤다.

부당하다고 생각했으면서 아이가 학습 폭력을 당하는 일을 지켜만 보았다. 딸에게 네가 스스로 강해져야 한다고, 네가 알아서 빨리빨리 깨치면 그런 일이 생기지 않는다고 말해줄 뿐이었다. 마음도 씩씩하게 가져야 한다고 강조했다. 아무리 생각해도 그것만이 해답 같았다. 그런데 이제 두 아들의 엄마가 된 큰딸은 나의 방식이 정답은 아니었다고 말했다. 자신은 아무리 노력해도 씩씩해질 수 없어서 더 괴로웠다고. 30여 년이 지나서야 그것이 잘못된 답이었다는 딸에게 면목이 안 서 마음이 착잡했다.

그래도 어쩌겠나. 지난 것은 지난 것이고, 지금 해야 할 일을 찾아가는 것이 생이다. 그 자리를 털고 일어나 밥을 한다. 씩씩한 손자들에게도 먹이고, 날이 갈수록 나이 드는 것이 보이는 마흔의 딸에게도 먹인다. 이 밥 먹고 오늘의 피로가 좀 녹으면 좋겠다고 생각하며 내가 할 수 있는 것을 해서 준다. 잘 먹고 몸도 마음도 편해지고 튼튼해지면 좋겠다.

딸아이는 알까? 지쳐서 죽이 되기 직전의 마음과 몸으로 집에 오면, 온종일 기다렸다면서 다가온 딸들의 재잘거림이 내 원기를 채우고 내 몸과 마음을 회복시켜 주었다는 것을. 그 소리를 들으려고 귀를 쫑긋 세우며 살림을 보살피는 게 당시 나의 가장 소중한 일과였다. 숨 막힐 정도로 정신없이 바빴지만, 첫 입학식을 치르는 큰딸의 모습을 보는 심장 두근거리는 감동이 내 삶의 원동력이었다. 엄마로서 어린 아이들을 키우던 때가 삶의 애정이 절정으로 깃든 때였다.

아이들도 제 자식들 키우다 보면 절로 알게 되겠지. 삶의 무게가 무겁고 힘들어 참고, 누르고 누르다가 때론 어른스럽지 못해서 나만 믿고 있는 자식에게 아픈 말을 할 때도 있다는 걸.

지나고 보니 굽이굽이 후회가 남는다. 나는 내가 살아온 방식과 나보다 더 현명한 사람들이 일러준 방식으로 밖에 세상을 살아갈 줄 몰랐다. 자꾸 빨리 크는 아이들을 두고 나는 더 빨리 해결법을 내놓아야 됐다. 흔들리는 모습을 보이면 안 된다고 생각해서 정답을 몰랐으면서도 내가 생각하는 답을 재빠르게 내놓았다. 그때도 부족할까 봐 전전긍긍했지만 괜찮은 척하는 수밖에 없었던 것은 내 부족함을 아이들이 눈치채고 흔들릴까 봐서였다. 지켜주고 보듬어 줘야 한다고 생각했다. 강한 척하느라, 주어진 하루를 살아내느라 아이들 보드라운 마음까지 헤아리지 못했다. 그래도 후회 속에서도 내가 살아낸 향기는 남았고, 어린 아이들의 지저귐도 남아서 추억이 되었다.

할머니 집은 어디야?

농촌 도시 상주로 시집와 아이를 낳고 기르며 산 것은 내 선택이었지만 이렇게 오래 머무르기를 바란 것은 아니었다. 육아를 돌봐주시는 시어른과 6년을 살았고, 첫 아이 유치원 때 분가해서 이 지역 첫 민간 아파트였던 주공 아파트에 자리를 잡았다. 아이들이 좀 크면 도시로 나가자 했던 남편의 약속은 결국 지켜지지 않았다.

나는 친정, 친구와도 멀리 떨어진 이 좁은 동네에서 자주 서러웠다. 오래도록 이해받지 못했고, 따뜻하게 대해주는 이가 없었다. 서러움이 눈덩이 굴러가듯 커질 때쯤 남편은 별장처럼 사용할 시골집을 알아봐 주었다. 지붕은 비가 새고, 화장실은 바깥에 있는데 그마저도 재래식이고, 수도도 놓이지 않아 우물을 사용하는 낡고 허름한 집인데 이상하게 마음이 갔다.

상주에서 내 뜻대로 되는 것은 하나도 없었는데, 이 집만은 내가 원하는, 대로 고치며 살 수 있을 것 같았다. 햇볕이 잘 드는 마당도, 아궁이에 불을 지피는 옛날 부엌과 온돌방의 형태가 남아 있는 것도, 사방을 빙 둘러싼 돌담도 좋았다. 크게 고민하지 않고 계약서에 도장을 찍었다.

배숙희

그 뒤로 시간이 날 때마다 집을 치우고 고쳤다. 적극적으로 삶을 개척해 나가지는 못했지만, 주어진 환경을 꾸미고 가꾸는 일은 나의 천성이었다. 이 생활이 내 놀이이자 취미가 되었다. 좋아하는 꽃을 찾아 계절마다 유람하던 생활이 멈췄다. 어딘가로 떠나기를 갈구하며 사는 대신 좋아하는 꽃들을 마당에 그득그득 심어두고 머무르면서 마음을 풀었다. 지나가는 이들이 돌담 위 가득 핀 장미를 배경으로 사진을 찍거나, 안을 살짝 들여다보며 마당이 예쁘다고 할 때면 내 마음이 덩달아 꽃을 피웠다. 억울하고 갑갑하던 것들이 조금은 수그러들었다.

남편은 내가 아무리 상주를 떠나자고 졸라도 결코 떠날 것 같지 않더니, 시어머니가 돌아가시자마자 미련 없이 이사 갈 곳을 물색했다. 부모 봉양의 부담이 없어진 지금이라도 살아보고 싶은 곳에서 살겠다는 것이었다. 평소 설악산을 좋아했던 그는 고민 끝에 속초로 결정했다.

상주의 삶이 내 뜻이 아니었듯 속초로 이사 가는 것도 전적으로 남편의 의지였다. 이 나이에 아무 연고도 없는 곳으로 이사한다는 것은 크나큰 모험이었다. 게다가 내가 손수 고친 시골집도 그대로 있었다. 자칫 속초와 상주의 이중생활을 하게 될 것 같았다. 하지만 남편은 이미 마음을 굳혔다. 그는 한번 결정한 것엔 언제나 완고했다. 상주를 떠나자는 말도 안 들어주더니, 이제는 상주에 머무르자는 말도 안 들어줄 판이었다. 이 무슨 역설인가.

 고민하다 결국 나도 동의했다. 미지의 삶이 두려우면서도 한편으론 설레기도 했다. 상주를 떠나고 싶은 마음은 언제나 가지고 있었으므로.

 자의 반 타의 반으로 오게 된 속초 생활은 여행하는 것 같았다. 여러 명소를 누비며 풍경을 즐겼다. 작은 스케치북을 가지고 다니며 그곳만의 아름다움을 그림으로 남겼다. 젊어서부터 하고 싶었던 그림을 이제야 시작하게 되었다. 누구에게 보이려고 애쓰지 않고 마음이 가는 대로 그리니 더할 나위 없는 좋은 취미가 되었다.

 재밌기는 하나 여기는 친구도, 소일거리도 없어 심심했다. 아름다운 풍경도 하루 이틀이었다. 상주에 있을 손자들은 일어났나? 지금쯤 뭐하고 있지? 밥은 먹었나? 궁금했다. 재잘거리는 손자들의 소리가 들리는 것 같았다. 창문을 열어보니 아파트 놀이터에서 꼬맹이들이 놀고 있었다. 문만 열면 흙을 밟으며 지저귀는 새소리를 알람 삼아 지내던 시골집이 벌써 그립고 궁금했다. 속초 생활이 재밌기는 하지만 시간이 길어지면 소중한 인연들이 있는 상주가 그리워졌다. 특히 손자들이 그랬다. 어디 하나 내 손길이 머물지 않은 곳 없는 시골집도 눈에 밟혔다. 그럴 때마다 망설임 없이 상주를 찾았다. 그렇게 속초와 상주를 오갔다.

올해 학교에 입학한 손자가 물었다.

"할머니 집은 어디에요?"

"글쎄다. 내 집이 어디지?"

상주도, 속초도 내가 살고 싶던 곳은 아니었다. 그저 왔다 갔다 하며 살아보니 상주도 속초도 내게는 별장 같았다. 속초에서는 맑디맑은 물을 흘려주는 설악의 아름다움과 바다와 호수를 맘껏 누릴 수 있는 정경이 있고, 상주는 내 맘대로 꾸미고, 가꾸고, 놀 수 있는 놀이터 같은 곳이었다. 그래도 둘 다 내 집 같다는 생각은 들지 않았다. 내게 주어진 환경이니 그 속에서 내가 할 수 있는 것을 하고, 가꾸고, 즐겁게 살려고 애썼을 뿐이다.

지금부터는 조금 더 적극성을 가지고 살고 싶다. 남편이 선택했기에 여기서 살게 됐다는 말 대신, 주체적으로 살 곳을 정하고 싶다. 그리하여 도무지 끝나지 않던 회한과 넋두리를 멈추고 싶다. 일흔을 앞두니 세상 무서울 것이 없어진다. 꼭 어디에 주거지를 붙박이처럼 두어야 하나 의문이 든다. 발길 닿는 대로 돌아다니다 살고 싶은 곳에 보름이나 한 달씩 머물러 사는 것도 방법이란 생각이 든다. 잠시 머물고 싶은 아름다운 곳이 너무 많다.

"캠핑할 수 있는 차는 요즘 얼마하나?"

"엄마 왜? 캠핑카 사게?"

이러저러해서 그러고 싶다는 내 말을 들은 아들 딸들이 질색

팔색하며 펄쩍 뛴다.

"엄마, 미쳤어? 요즘 세상이 어떤 세상인데."

"절대로 그건 안되지요. 엄마 나이가 몇인데? 엄마는 운전도 거칠게 하는데, 무슨 일 있으면 어쩌려고? 혼자 외진 곳에서 자는 것도 위험해서 안 돼요!"

역시나 생각했던 반응이다. 걱정하는 자식들 마음 모르는 바 아니지만, 더는 내 욕심을 미루며 후회하고 싶지 않다. 시간이 없다. 이제부터는 후회 없는 선택이 내 삶의 배경이 될 차례다.

그나저나 어떤 차가 좋을까?

부러우면 지는 거지? 부러워만 하면 지는 거지!

"할머니는 도대체 못 하는 게 뭐에요?"

"요리도 잘하고, 집도 잘 고치고, 노래도 잘 부르고, 그림도 잘 그리고, 축구도 잘하고. 진짜 다 잘해. 어른이 되면 다 잘하게 되나?"

"나도 빨리 어른 되고 싶다. 할머니처럼 다 잘하게."

손주들이 만들고 싶어 하는 장난감이 있었다. 머릿속으로 이래저래 하면 되겠다는 생각이 들어서 좀 도와주고, 같이 축구하며 놀아 주었더니 하는 말인 듯한데 조무래기 손주들이 하는 칭찬이라도 은근한 뿌듯함이 올랐다.

지금도 축구공을 겁내지 않고 뻥뻥 차거나 막아내는 건 고학년 담임을 맡았을 때 운동장에서 학생들과 뛰고 놀았던 경험에서 온 것이었다. 살아온 만큼을 되짚어보니 이 세상에 배울 것은 많고도 많았다. 시간을 내어 끊임없이 무엇인가를 배우러 다녔더니 살아가는 데 어떻게든 도움이 되었다. 원하는대로 모양을 만들고 색칠하는 종이 점토는 주물럭거리는 촉감도 부드럽고, 생활에 필요한 소품을 만들어 쓸 수 있어 좋았다. 일주일에 한 번 직장인 또래들과 서예를 하였던 것은 공부의 목적보다 일상을 수다로 풀어내는 즐거운 시간이었다.

손뜨개질은 밤이 가는 줄도 모르고 하다 보면 아이들 옷이 뚝딱 만들어졌다. 시어머니 스웨터도 만들어 드리고, 내 외투도 만들어 오랫동안 즐겨 입었다. 스스로 만들어 입는 옷에 대한 자긍심이 생겼다. 샛노란 스웨터를 짜 입힌 두 딸아이는 병아리처럼 귀여웠는데 내 솜씨가 발휘된 것 같아 자랑스러웠다. 두툼하게 짠 조끼를 입힌 아들의 등은 한겨울에 땀띠가 나기도 했다.

요가나 국선도, 수영 등은 주로 새벽에 배웠다. 새벽은 직장과 살림, 육아에 유일하게 방해되지 않는 시간이었다. 불면증을 벗어나 시작한 운동은 나를 새벽인간으로 변화시켰다. 새벽 시장에선 시골 아낙네가 막 따온 야채를 만날 수 있고, 그 시간에 김치도 담글 시간도 주는 것이 새벽이라는 선물같은 시간이었다. 직장생활, 육아에 꼭 써야 하는 시간을 제외하고 새벽 서너 시간은 운동과 살림살이를 충분할 수 있기 때문이다.

운동이나 만드는 것을 잘할 수 있으려면 들인 시간과 정성이 정답이다. 시간을 들여 꾸준하게 노력하는 만큼 기량과 솜씨가 는다는 놀라운 일을 나는 매번 경험으로 깨닫는다.

타고난 몸치, 음치라서 꾸준함으로 남보다 조금 더 시간을 들여 많이 연습하는 편이다. 타고난 재능은 나와는 거리가 멀어 재능있는 사람들이 부러울 때가 많다. 젊었을 때는 쉬이 배우고, 잘하는 사람들의 재능을 부러워도 했다. 그런데 부러워만 하면 지는 거라고 생각해서 그 마음에 노력의 시간을 쌓아갔다.

시집 장가간 자식들은 지들 알아서 잘들 사는 것 같다. 남들이 재밌다고 해서 하는 일 말고, 내 생에 남은 시간을 아낌없이 쓸 수 있는 일은 어떤 것일까? 어떤 즐거움에 나의 노력을 쌓아가면 좋을까?

그러다 어반스케치라는 새로운 취미를 찾았다. 여행과 그림은 내가 모두 좋아하는 것들인데 이 두 가지가 접목된 취미라니 금상첨화였다. 낯선 곳에서도 이웃처럼 푸근하게 잘 지내는 성향과도 잘 맞아 떨어졌다. 많이 그리라고 물감과 붓, 비싼 코튼 종이를 듬뿍 사주는 딸 덕분에 원 없이 그림을 그리고 있다.

생각해보니 배우고 싶은 것은 놓치지 않고 배웠다. 포기하지 않고 주어진 기회에 감사하며 열심히 참여했다. 그렇다고 내가 뭐하나 이름을 날린 것은 아니었다. 삶을 무료하지 않게 보내는 법을 자꾸 찾았다고나 할까. 아이들에게 쿠키를 구워주고, 운동도 가르쳐주고, 집에 필요한 것이 있으면 뚝딱뚝딱 만들고 고장 난 것은 고치고, 심심할 땐 그림도 그리고 노래도 불렀다. 배움이 헛되지 않았다. 일흔 노인이지만 아직도 하루하루 발전하고 있다는 느낌이 허무함에서 나를 구했다. 남 부러워할 시간에 내가 시작하고 볼 일이다. 안 맞으면 그만두면 되고, 잘하고 싶은 마음이 그만두고 싶은 마음보다 더 크면 수많은 좌절이 찾아와도 스스로를 이겨가며 해내면 될 일이다.

배숙희

응원하는 사이

 첫째가 전업 작가가 되겠다고 했을 때, 둘째가 미술을 전공하겠다고 했을 때, 셋째가 게임으로 먹고 살겠다고 했을 때 나는 응원보다 걱정하는 마음이 앞섰다. 순도 높은 응원을 보내도 용기를 낼까 말까 했을 텐데 먹고 살기 어려울까 봐, 치열한 경쟁 속에서 상처받을까 봐 좀 더 쉬운 길, 안정된 길을 가라고 사실상 발목을 잡았다.

 엄마의 열렬한 지지를 받지 못해서였을까. 아이들은 좋아하는 것을 쫓아 열정을 불태우기를 포기하고 안정적으로 살면서 좋아하는 것은 그저 취미로 옆에 두는 삶을 선택했다. 아이들은 부모로부터 받았던 세세한 상처들을 때론 투정으로 또는 외면의 모습으로 돌려주었다. 생각조차 못하고 있던 일을 아이들이 선명하게 기억하고 따져 물을 때마다 나는 불에 덴 사람처럼 화들짝 놀랐다. 그리고 몇 가지는 너무 미안해서 나조차도 또렷하게 기억되는 것도 있었다. 둘째 딸에게 상처가 됐던 그날 아침의 일도 그랬다.

 여느 날과 마찬가지로 출근 준비로 정신이 없었다. 큰아이는 머리를 묶어 주고 나면 챙겨준 옷을 안 입고 제 맘에 드는 거로

쏘옥 뽑아 입었다. 그 정도는 괜찮았다. 이제 둘째 아이 차례였다. 머리를 묶어 주고 옷도 챙겨 입혀야 하는데, 뭐가 맘에 들지 않는지 이렇게 해달라 저렇게 해달라 요구사항이 많았다. 두 갈래로 머리를 묶어 주었다. 모양은 마음에 드는데 머리카락이 조금 삐져나와서 마음에 안 든다고 다시 묶어달라고 했다. 아이들도 나도 지각할까 봐 나는 마음 졸였지만, 인내를 발휘해 아이의 요구대로 다시 묶었다. 하지만 새로 묶은 것도 맘에 들지 않아 했다. 급한 마음에 머리카락을 모아 오른쪽으로 치우치는 모양으로 묶었다. 그것도 맘에 들지 않는다고 떼를 썼다.

　아침마다 머리 때문에 실랑이가 벌어지는 이 상황을 더는 감당하기 어려웠다. 그날따라 감정이 솟구쳐 오르면서 더이상 감내할 수 없었다. 내 인내심이 바닥에 닿는 순간이었다. 부엌에서 가위를 들고 와 아이의 고운 머리카락를 싹둑싹둑, 뭉텅 자르고 말았다. 아이는 댕강 잘려나간 머리카락 뭉치가 자기 것인 줄 모르고 나를 바라보았다. 별말 없던 아이는 울지도 않았다. 울어도 수용 받지 못할 상황이라는 것을, 어미가 지금 온전하지 못한 상태라는 것을 재빠르게 눈치챘을 것이다. 그 순간 못할 짓을 저지른 나 스스로가 너무나 한심스러웠지만 어떻게 해야 할지 몰랐다. 어미로서 하지 말아야 할 행동을 참지 못하고 끔찍한 일을 저질렀다. 그것은 단순히 머리카락이 아니라 아이의 자존감과 엄마와의 신뢰가 잘린 일이었다. 죄책감이

물밀 듯 몰려왔다.

둘째는 그날 이후로 예전 같지 않았다. 둘째라서 제 언니와 동생에게 치이는 것도 미안했는데 에미가 깊은 상처로 남을 일을 하였다. 똑 부러지게 야무지고 큰 그릇을 타고 난 개성 강한 둘째였다. 뭐가 그리 바쁘고 대단한 일을 하고 다닌다고 자식들의 마음을 들여다보지 못했나 가슴을 치면서도 정작 아이의 상처받은 마음을 그때도, 지금도 제대로 다독여주지 못했다. 아무 일 없었다는 듯, 전쟁 같은 하루를 헤쳐나가느라 그랬다고 스스로를 변명하면서 정작 아이에겐 사과를 잊었다.

그런 일이 있었음에도 둘째는 시시때때로 나에게 힘을 줬다. 어린아이들만 두고 부득이하게 외출한 날이 있었다. 일곱 살, 다섯 살, 두 딸에게 한 살짜리 막내와 잠깐만 놀아달라고 당부를 했다. 마음이 불안해서 한 시간 만에 급히 돌아왔는데 둘째는 동생의 똥 기저귀를 갈아 주고 있었다. 저 자신도 아직 보살핌을 받아야 하는 어린 나이에 냄새나는 대변을 치우다니 하는 대견함과 함께 군데군데 떨어뜨린 응가를 보고 눈물이 왈칵 솟았다.

어느 일요일 늦은 아침을 먹고 나니 두 딸들이 배가 남산만 한 엄마가 힘들다고 식탁 의자를 싱크대 앞에 놓고 고사리 같은 손으로 고단한 어미의 일을 나누려 애쓰는 모습에서 나는 행복함을 느꼈다.

여느 날과 다를 것 없고, 누구도 특별히 챙기지 않았던 내 생일을 아이들이 챙겨준 때도 있었다. 밀감을 산처럼 접시에 쌓고 직접 통닭집까지 가서 사 온 귀한 치킨으로 막 퇴근한 나에게 깜짝 생일상을 차려주었다. 아이들이 이런 생일상을 챙기려고 얼마나 종종걸음으로 뛰어다니고 애썼는지 코에는 땀이 송송나 있었다. 나를 위한 것은 뭐래도 살 생각조차도 못한 내게 머플러와 내복, 새하얀 그물 장갑까지 준비했다. 우리 예쁜 엄마 멋 내고 다니라고 마음 깊이 응원해주는 모습에 눈시울을 적셨다.

내가 생각했던 것보다 아이들은 훨씬 더 성숙했다. 삼 남매를 둔 것이 자랑스러웠다. 삼 남매들이 서로 챙겨주는 모습을 볼 때, 내 시름은 사라졌다. 책을 가지고 놀고 가까이 두는 것이 좋아서 월급날이면 아이들의 손을 잡고 서점에 가서 책 한 권씩 사주었다. 그리고 시간과 여건이 되고 아이들이 볼만한 전시회가 있으면 어디든 찾아다녔다. 지금처럼 자가용이 있는 것도 아니어서 울퉁불퉁한 시골길을 자전거 한 대에 우리 네 사람이 타고 돌아다녔다.

대학을 졸업한 아이들이 직장을 가지면서 나는 자녀들로부터 어마어마한 응원을 받았다. 큰아이는 월급을 받으면서 내가 알지도 못했던 패밀리 레스토랑에 가서 먹어보지도 못했던 이름도 어려운 요리들을 사줬다. 무릎을 꿇고 우리 주문을 받는 종업원들의 환대는 낯설었다. 예전 시골에서 월급날 외식을 하러 갔던 레스트랑에선 아이들이 있다는 이유로 테이블 보를 걷어 가버리는 황당한 서비스를 받기 일쑤였는데.

직장인이 된 아이들은 키워 준 고마움의 표시를 자주 했다. 생에 처음으로 추석 연휴에 중국 여행을 가기도 했다. 명절에 단 한 번도 친정에 가지 못했던 보상을 받은 듯해서 즐거웠는데 기내에 온통 한국 사람이어서 깜짝 놀랐다. 명절을 해외에서 보내는 사람들이 점차 많아지고 있는 걸 나만 모르고 있었다. 우물 안의 개구리였다. 제 아버지 환갑에는 아이들이 일 년치 월급을 몽땅 털어서 북유럽 여행을 보내줬다. 오매불망 꿈속에서나 그리던 연극, 라이브 콘서트, 뮤지컬을 보여주며 서정적인 감성을 만족시켜 준 것도 자식들이었다.

그 반면에 아이들의 보호자에서 벗어난 나는 무엇으로 그들을 응원해야 할지 모르겠다. 가족 나들이가 일상이며, 명절에도 친정엔 꼭 들르는지라 가족들이 모이면 파티장같이 들썩이는 생활이 좋다. 하지만 이제 사위들이 딸의 보호자로 든든히 버티고, 아들도 어엿한 가장으로 잘 사니 슬그머니 자식들에게 몸도 마음도 뒤 안으로 밀려나는 기분이 들어 허전하기도 하다.

손 안가는 어미로, 두 발로 뚜벅뚜벅 잘 돌아다니는 건강함을 지키고 있는 것으로 응원을 보내야겠다. 그리고 누구라도 내게 손 내밀 때 달려가야겠다. 그래 내가 해주마 하고. 늙고 미약하지만 도움이 된다면야.

  한창 응석을 부릴 나이인 여덟 살에 그거 하나 받아주지 못해 싹뚝 잘라버린 긴 머리카락 한 올, 한 올 만큼이나 마음을 아프게 한 나의 미련함을 후회한다. 애는 쓰이지만 딱히 해줄 것이 별로 없는 둘째는 직장 다니랴, 딸아이 챙기랴 팍팍하게 사는 것이 안쓰러워 내가 살아온 방식대로 위로를 보내 본다. 힘내라고. 그러면 둘째는 그 힘내라는 말 좀 그만하라고, 나도 힘내고 싶은데 안 되는 걸 어떻게 하냐고, 무조건 힘내라고만 한다면서 더 서운해한다. 내 평생 힘내서 살아온 마음으로 너희를 응원하는 것이니 없는 힘 짜내라는 강요로 듣지 않았으면 좋겠다. 마음속으로 깊고 깊은 다정과 애정의 응원을 보내니 또 견디듯 고비를 넘기면 괜찮아질 거라고.

자신만만 요리부심

 지방선거를 마치고 우리 부부는 시골에 갔다가 유치원에 다니는 손자 녀석을 데리고 속초로 올라왔다. 학교에 다니느라 못 오는 여덟 살 형의 부러움을 한 몸에 받으며 따라온 여섯 살배기 손자는 휴게소에서 산 수제 햄버거가 맛난지 부스러기 하나 남김없이 다 먹었다. 어찌나 맛있게 먹던지 제 할아비 몫을 건네니 그것까지 망설임 없이 받아먹었다. 제 엄마와 떨어져도 울지 않고 잘 먹으니 마음이 놓였다. 그런데 햄버거 먹은 지 얼마나 된다고 속초에 도착하자마자 손자는 또 배가 고프다고 했다. 엄마랑 떨어져 마음이 허해서 그런가 싶기도 하고, 두 살 위인 형한테 치여서 못 먹었던 음식을 양껏 먹고 싶어 그런가 싶기도 했다.

 이럴 땐 백숙이다. 몸과 마음이 허할 때 내가 하는 보양식이다. 찹쌀로 누룽지 밥을 지어 두고 닭의 내장과 핏물을 제거하고 한 번 끓여내 잡내를 없앤다. 뽕나무, 엄나무, 보리수나무, 꾸지뽕나무 몇 조각을 넣고 우린 약물에 닭을 푹 삶아낸 다음에 잘게 찢은 닭살과 누룽지 밥, 그리고 마늘 듬뿍 넣고 또 한 번 끓여내어 구수한 백숙을 만든다.

둘째 손자는 가득 퍼준 백숙을 두 그릇이나 먹고 배를 두드리며 "할머니 밥이 최고야." 라고 칭찬했다. 나는 요리 부심을 숨기지 못하고, "그렇지?"라고 맞장구치며 안아줬다. 요리하느라 힘든 것도 잊고 행복해졌다.

소박한 밥상임에도 내가 남다른 자부심을 가지는 데에는 나름의 이유가 있다. 남들은 쇠도 씹어 먹는다는 젊은 시절에도 몸이 약해 밥을 잘 먹지 못했던 나는 어떻게든 살아남기 위해 먹을 것에 공을 들였다. 건강식에 관한 공부를 하면서 하루도 부실하게 끼니를 때우지 않았다. 열 가지 곡식으로 돌솥밥을 하는 번거로움도 마다하지 않았다. 돼지고기나 소고기의 비계 한 점 아까워하지 않고 전부 제거하고, 닭고기도 껍질은 물론 지방은 모두 제거해 요리했다.

남편과 자식들이 생기면서는 더욱 신경을 썼다. 식전에 사과와 당근을 갈아 넣은 녹즙을 짜 가족에게 먹였다. 어린 자녀들도 꿀떡꿀떡 잘 마셨다. 녹즙기 씻는 것이 번거로운 일이었으나 나는 그 주스 한 잔 마시면 뼛속까지 맑아지는 것 같았다. 매일 아침 부지런히 움직여 갖은 과일, 채소 주스를 예쁜 잔에 담아내었다.

나는 천연재료의 순순한 맛을 살려 요리를 했지만 몸에 아무리 좋다 한들 맛이 없으면 식구들이 한 입도 먹지를 않으니 내 입맛에만 맞출 수는 없는 노릇이었다. 표고버섯을 비롯한 다양한 채소로 육수를 뽑아 음식의 감칠맛을 살리고, 간수가 빠진 소금도 씻어서 볶은 뒤 빻아서 사용했다. 그런 소금은 쓴맛이 사라지고 단맛이 돌았다. 고기도 신선하고 질 좋은 것만 고집했고, 자연에 풀어 놓아 키운 시골 닭의 달걀만 사서 먹었다. 하여간 먹고 사는 일에 나는 극성이었다.

힘은 들었어도 오랜 세월 그렇게 식단을 관리한 덕에 나도 아이들도 큰 병치레 없이 살아낸 것 같다. 이렇게 열성적이었으니 자부심이 생긴다. 그리고 그만큼 가족들이 내 음식을 좋은 마음으로 추억했으면 하는 기대도 컸다.

그러나 그 기대는 번번이 어긋난다. 아이들의 어릴 적 추억의 음식은 떡볶이나 순대 같은 길거리 음식뿐이다. 아이들에게 조미료 범벅에 오래된 기름으로 튀긴 음식들이 뭐가 그렇게 좋냐고 했더니 집에서 너무 건강한 음식만 먹어서 나쁜 음식에 더 끌렸다고 한다. 아이들이 간직한 추억의 음식에 내 열정의 요리가 없음은 좀 서운한 일이다.

어쨌거나 먹는 것이 흔한 시대, 맛난 것이 넘치는 요즘에도 나는 여전히 신선한 재료와 천연 조미료를 사용해 손수 만드는 소박한 내 밥상이 좋다. 오랜만에 자식들이 오면 솜씨를 뽐내본다. 한우에 올리브 오일을 바른 뒤 소금과 후추를 솔솔 뿌려 몇 시간 숙성해 둔 뒤에 버섯과 같이 굽고 아스파라거스, 양파와 지진 두부를 곁들여 차린다. 버섯, 고기, 두부 넣은 상추쌈을 야무지게 싸서 먹으며 엄지 손가락 척 올리는 손주들 모습에 웃음이 절로 난다. 요즘도 손자들은 소풍 도시락 쌀 일이 있으면 꼭 내게 와서 할머니가 김밥 싸주면 좋겠다고 귓속말을 한다. 김밥 한 줄 사먹으면 되는 일이지만, 손자들이 요구하면 새벽같이 일어나 김밥을 싼다. 그런 아침이면 자식들이 학교 다닐 동안 김밥을 쌌던 수 없는 날들이 주마등처럼 스친다. 바로 엊그제 일 같은데 아주 옛날 일이 되었다.

갱시기는 많은 추억과 역사가 담긴 우리 집 애착 음식이다. 멸치 육수에 김치와 콩나물을 넣고 끓여 찬밥 한 덩이를 넣으면 걸쭉한 갱시기가 완성된다. 겉보기는 보잘것없지만, 맛도 있고 몸과 마음을 든든하게 채워주는 음식이라서 즐겨 차렸다. 해장에도 아주 좋아서 술꾼인 남편을 위해 밤늦은 시간에도 부지런히 끓여댔다. 밥 대신 면발이 고운 국수나 떡국용 떡을 넣어도 좋다. 이마에 땀을 송송 내며 먹는 음식이라 추운 겨울에도 자주 찾는다. 어린 시절, 식량이 부족할 때 라면과 국수를 반 섞어서 배불러지라고 해준 것이어서 내겐 추억의 음식이기도 하다. 라면 하나 추가하는 날엔 귀찮음도 마다 않고 심부름을 자처하곤 하였다. 술 좋아하고 웬만한 맛집 음식은 다 먹어본 서울 사위도 갱시기에 매료되어 "어머니 서울에서 이 음식 팔면 대박일걸요?" 하며 추켜 올린다.

요즘은 오롯이 나만을 위한 밥상 차리기가 일상이 되었다. 구름이 낮게 드리운 습도 높은 여름날이면 나도 덩달아 저기압이 되어 머리가 흔들리고 두통이 일고 마음까지 외로워진다. 그럴 때는 쇠고기 스테이크를 먹는다. 그러면 내 영혼의 고단함과 저기압이 풀리는 것 같다.

어디론가 떠나고 싶은 기분이 들면 싱싱한 제철 과일과 채소에 삶은 달걀과 치즈를 듬뿍 얹은 뒤 드레싱 소스를 뿌려 마당에 있는 테이블에 차린다. 소중히 가꿔온 화단을 감상하며 식사를 하면 여행지에서 조식 먹는 기분도 나고 예전에 갔던 여행도 추억할 수 있어 참 좋다. 커피까지 한 잔 곁들이면 금상첨화다.

음식에 대한 나의 생활을 돌이켜보니 바쁘게 동동거렸고, 때론 가족들에게 조미료 넣어서 찌개 끓여달라는 소리까지 듣기도 했으나 식구들에게 한 이만한 보시도 없는 듯하다. 가족들이 비교적 잘 먹고 살아왔고 손자들도 내가 해준 밥을 최고로 치니까.

오늘도 손자들이 뜨끈한 쇠고기뭇국을 먹다 말고 이렇게 말한다. "이렇게 맛있는 음식을 해주는 할머니가 나중에 돌아가시면 우린 어떻게 하지?"하며 소근거린다. 제 몫만큼 일할 나이가 되면 아이들은 나를 음식으로 추억할 것이다. 자부심이 들어간 나의 요리로.

꽃이 내 친구

나이가 들어서도 자꾸만 꽃 욕심이 난다. 시장이나 꽃집을 무심하게 지나치지 못하고 얼쩡거리다가 기어이 몇 포기를 사와 마당에 심는다. 가격이 싼 편이 아니라 몇 포기만 사와도 쇠고기 서너 근 값인데 전혀 아깝지 않다.

다른 아낙네들도 꽃 트럭 앞을 그냥 지나치지 못한다. 찬거리가 든 검은 봉다리를 악바리처럼 주렁주렁 손목에 걸고도 꽃을 보고 있는 그 마음을 나는 안다. 몇 포기 사다가 어딘가에 심고, 외롭고 쓸쓸하고 허전한 마음이 드는 날 가만히 어루만지고 싶어 하는 그 마음을. 나이가 들어 멀리 나가지 못하는 날, 누가 불러주지 않는 날이 부지기수지만 헛헛한 마음을 별 노력도 없이 괜찮게 만들어주는 것은 이 작은 꽃이나 나무 같은 것임을.

나 역시 그런 마음으로 이른 봄이 오길 기다린다. 좋아하는 마음만큼 꽃들을 잘 지켜내면 좋으련만 난방이 잘되지 않는 시골마루에서 살아남는 꽃이 많지는 않다. 겨울이 지나면 3분의 2쯤은 사라져 다 살리지 못한 것이 내 부족함 때문인 것 같아 아쉬운 마음을 지울 수 없다. 그럴 때면 내 가슴에 지독한 외로움이 올라온다. 내 외로움만큼, 꽃들이 주는 행복감만큼, 나는

배숙희

지독하게 꽃을 갈구한다. 늘 꽃이 고프다.

너르지 않은 작은 마당인데도 사고 또 사도 모자라기만 한 마음은 무슨 까닭일까? 나이가 들면 욕심이 좀 줄어들 법도 한데, 나의 꽃에 대한 욕심은 숨길 수가 없다. 이 욕심 때문에 얼마 전 이웃과 곤욕스런 일도 생겼다.

새로 이사 온 새댁이 있었다. 그 새댁도 나 못지않게 꽃을 좋아해서 우리 집 꽃들을 탐내기에 넉넉하게 나누어 주었다. 꽃 살 일이 있으면 나눠줄 요량으로 필요한 것보다 더 많이 사오고는 했다. 그녀는 꽃을 잘 가꾸었다. 내가 준 꽃을 우리 마당에서보다 더 넉넉하고 풍성하게 키웠다. 우리 집에선 겨울만 지나면 사라져간 꽃들이 그녀의 집에선 살랑이는 바람결에 흔들리며 춤을 추었다. 천부적인 재능이었다. 나는 그녀가 마음이 좋아서 꽃도 정성스럽게 키운다고 생각했다.

딸 집에서 겨울을 보내고 시골집에 돌아왔다. 마당의 꽃들이 모두 죽어 있었다. 그녀에게 애써 가꾸었던 꽃들이 모두 죽었다고, 내가 주었던 꽃 중 몇 포기만 나누어 주면 안 되겠냐고 부탁했다. 그녀는 여름에 옮기면 다 죽는다며, 내년 봄에 나눠준다고 약속했다. 그러나 봄이 와도 아무 이야기가 없었다. 다시 말하긴 쑥스러웠다.

어느 날, 그 집의 담벼락을 지날 때였다. 곱게 피어오른 꽃봉오리가 탐스러워 한 송이 꺾고 말았다. 그 순간 전화가 울렸다.

그녀였다. 심장이 뚝 떨어지는 줄 알았다. 이놈의 꽃 욕심. 정신이 번쩍 들었다.

"우리 집 담에 핀 꽃 꺾었어요? 아무리 예쁘다고 남의 집 꽃을 꺾는 것은 아니죠. 담부터 그러지 마세요."

한참을 모진 말을 듣고 있자니 가시에 찔린 것처럼 마음이 따갑고 화끈거렸다.

"아이쿠, 말 안 하고 꺾어서 미안해. 너무 부끄럽구먼."

"부끄러우시라고 제가 일부러 전화 드렸어요."

어휴, 나이 들면 욕심 좀 줄여야 하는데 꽃을 보는 순간 손이 먼저 가버렸다. 얼굴 보고 사과해야 할 것 같아 주스와 논산 갔다가 사 온 말발도리 꽃나무 화분을 들고 찾아갔다. 대문 앞에서 전화를 걸었지만, 부재중인지 받지 않았다. 들고 간 것들을 대문 앞에 놓아둔 채 집으로 돌아왔다. 내 나름대로 화해의 손길을 보냈지만 화해는 거절당하고 그 일은 부끄러움으로 남았다.

집에 돌아와 가만히 그녀에 대한 기억을 더듬어 본다. 이사 온 젊은 사람이 열심히 산다고 다정한 마음을 건넬 때마다 달갑게 받았던 그녀. 꽃을 꺾었다고 그토록 무안하게 몰아붙이며 마구 야단치는 젊은 새댁이 낯설었다. 내가 아는 그녀는 이럴 사람이 아닌데.

돌이켜보면 그녀에 대한 소문을 들어도 나는 번번이 그녀를 두둔했었다. 한번은 그녀가 키우는 개들이 사납게 짖는 바람에 스트레스를 받던 이웃 어른과 대판 싸웠던 일이 있었다. 그녀가 그 어르신들한테 개소리 듣기 싫으면 집 앞으로 다니지 말라고 했단다. 버르장머리 없다고 어르신들이 흉을 볼 때도, 나는 "아무리 그래도 있는 길을 지나다니지 말라는 의미로 말한 것은 아니겠지."라고 그녀의 편을 들었다. 내가 아는 그녀는 그럴 사람이 아니었기에.

어느 날 오랜만에 만난 아랫마을 아낙과 수다를 떨던 중에 "혹시 새댁네 꽃봉오리 댁이 꺾었어요?"라고 물었다. "어떻게 알았어요?", "그 새댁이 동네 사람들한테 하는 말을 들었어요. 자기 집 울타리 꽃을 꺾은 사람을 아주 혼쭐을 내주었고 누구라고 이야기는 안 하겠다고 하더라구요."

그 말을 전하는 아낙은 "나도 꽃 도둑인데. 다행히도 그렇게 인심 없는 주인을 만나지는 않았지만. 당신도 나처럼 꽃 도둑이구려." 해서 둘이 웃었다. 그 순간 숨겨왔던 내 부끄러움이 열어졌다. 멀쩡한 사람이 울타리 꽃이나 꺾는다고 흉보고 손가락질할 것 같아 마실도 못 나갈 만큼 조심스런, 그래서 누구에게도 털어놓지 못했던 비밀이 순간 공중분해 되었다.

나는 그저 내가 보고 싶은 대로만 사람을 보는 것인지도 모르겠다. 오해와 서운함을 안고 또 불면의 밤을 보냈다. 그리고 새벽부터 일어나 작은 마당의 잡초를 뽑으며 어여쁘게 핀 꽃들과 눈을 맞췄다. 덥고 습도 높은 아침인데도 자기만의 꽃을 피우고 지고 하는 생명들 앞에서 불쾌하지 않았다. 미세하게 바람이 불었다. 그 살랑임에 내 마음의 복잡함도 같이 흩어졌다.

 남은 날들, 남은 인연만을 귀하게 여기며 살아도 될 것을 나는 아직도 새로움에 대한 호기심을 걷어내지 못한다. 그리고는 눈치 빠르게 굴지 못하는 탓에 오해받고 상처받는다. 그런 마음을 꽃의 아름다움과 생명력에 위로받고 힘을 낸다. 꽃은 마지막까지 말없이 나에게 환희를 나누어 준다. 나이 들어도 서툴고, 어설프고, 실수해도 괜찮다고. 화무십일홍(花無十日紅)이니 늙음도 자연스러운 일이고 잘못도 하고 반성도 하며 살기도 한다고. 인생사, 기대하면 실망하게 되어 있는 법이라고. 그저 자기처럼 꽃필 수 있을 때 할 수 있는 것을 해내며 하루를 보내라고.

 나는 길쭉한 꽃잎을 내민 샐비어꽃 앞에 선다. 꽃을 하나 뽑아 입술을 대고 쪽 빨아당기니 미지근한 달콤함이 혀끝에 딸려온다. 아침 일찍 일어난 손자가 어느새 내 옆에 와서 꽃잎을 빼 입에 물고는 또 하나를 뽑아와 내 입에 쏘옥 넣어준다. 그런 손자에게 분꽃은 꽃씨와 꽃자루를 분리하면 귀걸이가 된다고 알려준다. 손자는 신기해하며 따라 해본다. 분꽃 귀걸이를 하니까 할머니가 아가씨가 됐다고 손뼉을 친다. 나는 손자의 칭찬에 나이를 잊는다. 미안함도, 부끄러움도, 서운함도 잊고 나는 작은 꽃밭에서 웃는다.

못 버리는 병

  오래 사용한 묵은 살림을 강원도까지 가져가면 이사경비가 더 많이 들어간다기에 정말 필요한 것만 새로 샀다. 속초로 이사하면서 삶이 자연스럽게 간결해졌다. 텃밭을 일구지 않아 수확물이 없으니 저장할 음식을 만들 필요도 없었다. 이삼일 먹을 재료만 사서 끼니마다 요리한다. 나이가 들어가니 아무래도 죽을 날을 생각하게 된다. 나중에 우리가 죽으면 자식들이 남은 짐 처리한다고 고생할 텐데 라는 생각이 선택의 순간마다 스친다. 그렇게 최소한의 물건들만 지니고 살아보니 치울 일도 많지 않아 시간이 넉넉히다. 두 눈을 감으니 그동안 시골집에 들인 물건들을 버리지 못했던 나, 여백을 두지 않고 빼곡하게 쌓아두던 내가 떠올랐다.

  "엄마, 대체 왜 이렇게 잡동사니를 모으는 거예요? 헌 재료로 뭘 만들어 봤자 쓰레기야. 엄마가 안 아프면 모르겠어. 몸도 예전 같지 않으면서."

  "요즘같이 전염병 도는 시대에 누가 쓰던 물건인 줄 알고 주워 오는 거예요? 이미 이 집도 차고 넘칠 만큼 물건이 많아서 집에 들어오는 순간 숨이 막힐 지경이니 더는 주워오지 마세요.

물건이 너무 많아서 정신이 산만한데 헌 물건까지 모으다니."

"여기 텃밭, 시멘트로 다 발라야 해. 그래야 엄마가 일을 안 하지. 이 낡은 집도 허물고 다시 지어야 해. 세상에 관절염 있는 노인이 저런 고강도의 노동을 한다고 하면 다 자식 욕한다니까. 엄마가 그렇게 몸을 혹사하면 관절염이 더 악화되고 진행이 빨라진다고 하잖아요. 제발 좀 그냥 두고 쉬어요."

쓰레기나 모으는 사람 취급하는 자식들이 못마땅했다. 마치 내 삶마저 부정당한 것처럼 화가 났다. 도와줄 것도 아니면서 내가 다 알아서 정리하고, 쓸 건 쓰고 버릴 건 버릴 건데, 왜 자꾸 싫은 소리를 하는지 짜증이 솟구쳤다. 시골 생활하면 구하기도 힘들고 쓸모없어진 물건들도 쓸모를 찾아 재탄생하는데, 자식들은 그걸 헤아리지 못하고 자기방식대로 내 삶을 바꾸려 했다.

별 쓸모없는 물건들을 버리지를 못한다는 것을 나도 잘 안다. 자식들 말처럼 정리해나갈 일만 남은 70대가 다가오고 있다는 것도. 그런데 물건만 보면 아직 남아 있는 쓸모가 바로 떠올라서 그것들의 기한을 마지막까지 유예하고 싶어진다. 곧 버려질 물건들도, 쓰레기가 될 운명을 앞둔 재활용품들도 자꾸만 다시 보이고 구상하고 만다.

자식들 잔소리에 눈치껏 치워야겠다 싶어 창고에 들어섰다. 가득 쌓인 물건들에 눈앞이 캄캄해졌다. 끝이 없을 것 같은 숙제를 마주한 느낌이 들었다. 도저히 치울 엄두가 안 나 한 순간 멍하니 서 있다가 마음을 다잡고 어디서부터 손을 댈지 천천히 가늠했다. 그런데 또 병이 도졌다. 어떻게든 쓸모없는 것을 버리려고 창고에 들어와서는 그것들의 또 다른 쓰임을 찾고 있었다. 애초에 그러려고 모아둔 것들이라 어렵지 않았다. 그래서 차마 버리지 못하고 다른 쪽으로 옮겨두고 보니 그런 것들이 대부분이었다. 버리기만 하면 문제가 없을 일이다. 그런데 나는 그러지 못하고 적당한 자리를 찾아 옮기는 일을 하고 있다. 몸은 갑절로 힘들고, 정작 정리한 표시는 하나도 나지 않았다.

그리 넓지도 않은 이 시골집에 양문형 냉장고 2대와 김치냉장고 3대가 있다. 가끔 우리 내외가 별장처럼 쓰고, 시집 장가간 자식들이 주말농장처럼 오는 곳이니 전혀 그럴 필요가 없는데도 말이다. 그 속에 온갖 저장용 반찬이 쌓여 있다. 그러면서 새 계절마다 발효액을 담그니 십 년이 더 된 것도 있다.

식구들은 끼니마다 금방 한 요리들을 좋아한다. 사실상 장아찌에는 젓가락이 안 간다. 식탁에 잘 오르지 않으니 보관용이 될 뿐이다. 먹는 사람도 없는데 텃밭에서 나는 것을 굳이 장아찌를 만들어 보관하는 건, 분명 버리지 못하는 병에 걸려서다. 담그던 정성이 헛돼는 것이 싫어서, 돈 주고 산 재료가 아까워서, 맛을 보니 먹을 만해서, 어디 쓸데가 있겠지, 누구에게 도움이 될 거야, 이런저런 이유로, 버리지 못하는 핑계로 세월과 함께 묵혀 있다.

 시골집을 고치면서 남은 재료들도 그대로 있다. 집을 고치는 물품들은 대량으로만 팔았고, 시골에서 한 번 사러 나가기도 불편하니, 잔뜩 사서 쓰고 남은 건 자꾸만 모아놓았다. 얼마 안 되는 텃밭이라도 농사는 농사라고 농기구는 종류별로 필요하니, 그것도 양이 상당했다. 멀칭 비닐이며, 빈 화분과 모종용 포트 등이 뒷문 옆 창고에 그득히 쌓여 있다. 상황이 이렇다 보니 집안이고 바깥이고 치워봐야 그때뿐, 며칠 지나면 도로 그대로였다.

"엄마, 방송국에서 시골집 촬영 온대요. 그런데 이 쓰레기 다 어떻게 할 거예요? 이대로 촬영하면 우리 집은 〈한국기행〉이 아니라 〈세상에 이런 일이〉에 나올 거야. 쓰레기 집이라고."

 뭔가 만들고 쓸 일이 있는 것들을 다 쓰레기로 보는 딸에게 야속한 마음이 들었다. 그 애 눈에 그래 보인다면 다른 사람도 다 그렇게 볼 것이란 생각이 들어 부랴부랴 속초에서 내려와 딸과 같이 집을 치웠다. 마당 구석에 있던 목재 더미는 뒤뜰로 보내서 마당이 좀 깔끔하게 보이게 했다. 널브러진 꽃 무더기도 좀 묶어두고 화분들도 다시 정리하고 보기 좋게 다듬었다. 오래 보관할 나무는 비를 맞으면 이내 썩어서 화력이 좋지 않아 비닐을 덮어 두었는데 그 모양새가 이쁘지 않아 싹 걷어냈다. 껍데기를 벗어낸 나무 더미가 뭔가 정겨운 느낌을 주었다.

기분이 흐뭇했다. 저 정도의 장작으로는 적어도 몇 년 동안 군불을 지펴 방을 따습게 할 테니 생각만 해도 훈훈한 기운이 도는 것 같았다. 사실은 이리저리 뛰며 눈에 거슬리는 것들 치우다 보니 열이 올라 더웠구먼, 장작 보고 군불 넣을 생각하는 내 자신이 웃겼다. 비실비실 웃음이 흘러나왔다.

정리된 마당이 정스럽게 보인다. 이러니 내가 이 일 많은 마당을 못 벗어나는구나 하는 생각이 들었다. 정말 나는 몸을 참 고단하게 만드는 사람인가 보다.

군불지피는 아궁이가 있는 부엌은 잘 쓰지 않았더니 흙먼지가 많이 쌓였다. 불을 지필 때 나오는 연기로는 벽에 그을음이 덕지덕지 앉아 타일 색이 바뀌었다. 내가 저 타일을 붙일 때 가졌던 영롱하고 예뻤던 빛깔이 사라졌다는 게 하필이면 오늘에야 눈에 뜨이다니.

이런 문양을 꾸미고 깨뜨리며 타일을 붙였던 날들이 떠오른다.

옛 부엌 흙벽은 타일 작업을 할 수 없는 곳이었다. 옛 부엌을 살리고 싶다는 말에 사람들은 고개를 저었다. 번거로울뿐더러 울퉁불퉁해서 작업이 불가능하다는 것이었다. 들인 품에 비해 돈이 많이 나간다는 실용적인 의견들 속에서도 내 머릿속에는 되는 방법이 떠올랐다. 왜 안 돼? 타일을 있는 그대로 붙이면 안 되겠지만 조각내면 될 것 같은데. 그을음을 닦아낸 뒤

타일 접착제를 바르고 휘어진 선을 따라 조각낸 타일을 붙이면 될 것 같은데.

나는 모두가 시간 낭비, 에너지 낭비라고 한 일에 매달렸다. 머릿속에 떠오른 생각을 허투루 흘려보내고 싶지 않았다. 벽에 크레용으로 밑그림을 그린 다음 얻어온 폐기 타일을 망치로 깨뜨렸다. 어차피 조각난 타일을 붙이려면 새 타일은 필요 없었다. 색과 모양새에 따라 한 조각 한 조각씩 폐타일을 깨트렸다. 타일 간의 간격을 3미리미터 또는 5미리미터로 남겨두며 전체적인 모양이 드러나게 접착제로 붙였다. 남겨둔 틈은 타일을 견고하게 하기 위해 타일용 시멘트로 틈을 메꿨다. 이 작업은 일명 '메지'라고 하는데 타일작품의 꽃으로 불리는 작업이었다. 시멘트가 완전히 굳기 전에 타일에 묻은 시멘트를 닦아냈다. 비워 둔 틈으로 시멘트가 스미고 굳었다. 하루에 고작 꽃 한두 송이 정도 붙이면 그날의 작업량은 끝이었다. 많은 시간, 고된 노동, 세심한 손길이 필요했다. 그래도 나는 좋았다. 작업을 끝내고 누워 있으면 온몸이 쑤셔도 머릿속으로는 그리고 싶은 것들이 두둥실 떠올랐다.

남편은 가게에서 처치 곤란한 폐타일을 우리집이 떠맡았다고 투덜거렸다. 자식들은 색깔과 모양을 찾아 세세하게 붙이는 내게 고생을 사서한다고 투덜거렸다.

부엌 벽은 화장실 벽을 완성하고 남은 타일로 만들게 된 소위

배숙희

두 번째로 만들어진 조각 타일 벽이다. 연꽃과 연잎, 고목 감나무와 잠자리가 날아다니는 그림이 완성되었다.

남편과 자식들도 완성된 조각 타일 벽을 보더니 박수를 치며 아름답다고 칭찬했다. 잔잔하게 피어 있는 연꽃과 연잎 위로 날아다니는 잠자리가 수 놓인 조각 타일 벽을 표현해냈다는 만족감과 가족이 모두 좋아하니 내 기쁨도 배가 되었다.

먼지와 연기에 절은 벽에 수 놓아진 연꽃, 잠자리, 연밥과 연잎을 비누칠한 걸레로 닦고 마른걸레로 닦았다. 마당의 감나무를 보고 폐 타일을 붙여 만든 '가을빛 감나무'도 닦아 냈더니 그들은 다시 맑은 빛을 담은 잔잔한 그림으로 내게 다가왔다.

아침을 먹고 나니 ebs 방송국에서 사람들이 도착했다. 이런 것도 방송 거리가 되냐고 묻자 피디님은 일상을 포기하지 않고 자기식대로 사는 사람들의 이야기는 시청자에게 언제나 흥미가 있으므로 좋다고 했다. 그는 폐 타일을 모아 벽에 붙인 것도 아궁이를 황토로 보수하여 사용하는 것도, 재활용 자재들로 창고를 만든 것도 모두 멋지다고 칭찬해주었다. 세상 좋은 것 다 보고 다녔다는 방송국 피디님이 아름답고, 즐겁게 사는 것 같다고 칭찬해주니 밤새 쌓인 피곤은 사라지고 기분이 좋았다.

버리지 못하는 병에 걸렸어도 괜찮다. 아직 남아 있는 아름다움을 찾아내는 눈을 가졌으니. 심플라이프니, 미니멀라이프니 하면서 설레지 않는 것들을 버리는 게 미학인 시대에, 나는 반

대로 사는 사람이다.

배숙희

좀 건강해보자

지금의 자식들 나이만 했을 때, 나는 늘 운동에 목말라 있었다. 해내야 하는 일을 하고 나면 움직일 힘이 남아 있지 않으니 축축 처지는 몸으로 일상을 살아가는 것으로도 벅차 고단했다. 피곤하다고 단잠을 자는 것도 아니니 늘 수면이 부족해 비몽사몽 헤매는 신체로 살았다. 내 꼴이 곧 죽을 것 같은 사람 같았다. 더는 안 되겠다 싶은 마음이 든 어느 날 어슴푸레한 이른 아침에 눈이 절로 떠졌다. 집 근처 학교 운동장에서 매일 아침 하는 생활체조 음악이 희미하게 들렸다. 홀린 사람처럼 천근만근인 몸을 일으켰다. 눈을 비비며 초등학교 운동장에 도착하자마자 들려오던 노랫소리가 툭 끊겼다. 생활체조가 끝났다. 뻘쭘해서 어정쩡하게 뒷줄에 서서 마무리 동작을 따라 했다. 돌아오는 길에 그것도 운동이라고 기분이 좋아지며 없던 힘이 생긴 듯했다.

그날부터 늦게 일어나더라도 그 시각만큼은 운동하러 나갔다. 정리 체조만 하고 와도 무기력함이 사라졌다. 운동하는 날이 많아지면서 몸에 익지 않아 어색했던 동작도 수월해졌다. 출근하지 않는 일요일은 여유 있게 학교 운동장 트랙을 달렸다.

달리기를 시작한 때는 반 바퀴 도는 것만으로 숨이 차고 다리가 후들거리더니 시간이 갈수록 조금씩 더 많이 달릴 수 있게 되었다. 운동에 들인 시간과 노력 덕에 더 많이 달려도 힘들지 않다. 무릎 관절이 삐그덕거려서 몇 발자국 걷는 것도 아파서 비명을 지르며 주저앉았던 날이 옛날 일로 밀려났다. 내게도 마법이 일어난 것 같았다.

건강이 좋아지던 어느 해 가을 운동회. 내 체력을 증명한 일이 일어났다. 6학년 아이들 경기로 꼭 들어가는 종목이 행운의 달리기인데 그 경기는 주어진 임무를 수행하여 결승선까지 달리는 것이었다. 땅! 신호음과 동시에 아이들이 30미터 앞에 놓인 쪽지를 향해 달려나갔다. '1학년 선생님 손 잡고 달리기'가 적힌 쪽지를 주운 남학생은 당시 1학년 담당이던 내 손을 잡고 힘껏 달렸다. 3등으로 달리기 시작한 우리는 마지막엔 1등으로 결승선을 통과하였다. "와아!" 응원석에서 우레와 같은 함성이 일었다.

몸도 마음도 허약했던 시간을 지나오면서 부단히 운동에 들였던 노력을 떠올려본다. 운동을 위해 일어나는 시각을 규칙적으로 만들었다. 새벽 운동으로 에어로빅이나 국선체조, 테니스를 했다. 채식 중심으로 고른 영양소 섭취를 하고 야식, 폭식, 과식을 하지 않았다.

하지만 아무리 노력해도 보통 사람보다 더 건강해지지도 않왔다. 젊을 때부터 내혈관 질환에 신경쓰라는 경고를 받았다. 빈혈 수치가 높아 혈색은 파리했고, 가슴과 자궁엔 근종이 자주 발견됐다. 갑상선은 비대해 약으로 조절하고, 콜레스트롤은 약을 먹어야 할 수치를 넘어섰다. 젊었을 때부터 관리했는데 결국은 오십의 나이에 들면서 먹기 시작한 고지혈약을 지금까지 달고 있다. 담당 의사는 내게 피검사를 시킨 뒤 나쁜 수치가 줄어들지 않아 간혹 약의 종류를 바꿔줬다. 약국에서 타온 약을 먹을 때마다 나는 친정 식구들을 생각했다. 친정엄마는 뇌혈관이 터져서 쓰러지셨고 맏이인 오빠는 쉰 중반에 심근경색으로 저세상에 갔다. 오빠가 간 나이보다 훌쩍 더 많은 나이를 먹은 나도 고장이 나기 시작했다. 손가락 관절도 휘어 그것도 약을 먹어야 했다. 자고 일어났는데 허리는 삐끗거려 옴짝달싹 못 하는 빈노가 잦아졌다.

운동을 쉬면 남보다 더 빨리 굳어지는 뼈와 관절을 관리하기 위해 나는 수영을 시작했다. 수영이 관절에 젤 무리가 덜 가는 운동이기 때문이었다. 환갑이 되는 해였다. 수영장 물을 다 마시는 게 아닐까 싶을 만큼 물을 먹으면서 배웠는데 자유형은 앞으로 나가지 않고 제자리였다. 뼈가 두껍고 무거우니 잘 나아가지 않아 애가 쓰여 힘만 더 들어갔다. 강사는 힘을 빼라고 하는 데 물에서 힘 빼는 게 뭔지를 모르겠다. 그래도 새벽이면 일어나 수영하러 나갔다.

수영장에서 몇 년을 죽을동살동 발차기를 하며 물을 많이 먹었더니 이제는 자유형도 하고 배영, 평형, 접영도 한다. 시간의 마법이고 꾸준함이 준 선물이다. 물속에선 관절의 아픔도 잊고 자유롭게 물살을 가로지른다. 40대의 딸들보다 내가 더 앞서 나간다. 젊은 그들보다 더 자유롭게 물속을 오르내린다. 그 순간만큼은 나이를 잊는다. 40분의 수영강습이 끝나면 뜨거운 스파탕에서 쉼을 가진다. 그곳은 센 압력의 물살이 있어 아픈 곳 풀어 주기도 좋다. 한갓진 오후 시간엔 노인들이 많이 와 걷기도 하고 스파 탕에서 몸을 담그고 함께 수영하는 이들과 담소도 나누니 수영은 노인에게 일석삼조를 얻는 좋은 운동이다.

　수영장이 쉬는 날이면 걷는다. 아침에 일어나 요가로 스트레칭을 하고 어스푸름한 여명을 따라 시골길을 걷는다. 걸으면 이런저런 생각이 달라붙는다. 그 생각을 친구 삼아 걸으면 걸을수록 나는 잡다구레한 일상에서 벗어나 여행을 떠나온 것 같다. 몸을 움직이지 않으면 개운하지 않다. 움직이기 귀찮아지고 마음에 어둠이 낀다.

　내가 하는 운동은 특별하다. 운동을 통해 젊은날의 생기를 찾고 더 건강하려고 하는 운동이 아니다. 타고난 유전적 요인이 좋지 않아 철저히 관리해도 겨우 내 나이 또래 건강상태가 될 동말동이다. 그래도 애석해하지 않는다. 살아가는 동안 더 나빠지지 않았으면 싶고, 사는 날까지 팔다리를 움직이기 위해서 운동한다.

  이제 운동을 통해 건강하고 젊어지는 요행을 바라는 것은 덧없는 욕심이라는 걸 안다. 좋아질 가능성보다 나빠질 가능성이 많은 나이를 살아가고 있다. 그 세월의 물길에 몸을 맡기면서도 주체적으로 살 수 있는 것은 역시 운동이다. 누워서 천장만 바라보다 가지 않고, 아침에 요가를 하고 산길을 걷고 물속에서 할머니 인어가 되어 수영하는 날이 많기를 바랄 뿐.

배숙희

사랑해서 미워하고

1판 1쇄 발행 2023년 12월 15일

지은이 김창경, 김선연, 배숙희
펴낸이 정태준
편집장 자현

디자인 김주연
마케팅 안세정

펴낸곳 책구름 **출판등록** 제2019-000021호
팩스 0303-3440-0429 **전자우편** bookcloudpub@naver.com

ⓒ김창경, 김선연, 배숙희 2023

ISBN 979-11-92858-13-5(03810)

• 저작권법에 따라 보호받는 저작물이므로 무단 전재와 복제를 금합니다.
• 파본은 구입하신 서점에서 바꾸어 드립니다.